Christine Cerny, 1946 in Wien geboren, war als Buchhalterin tätig, bevor sie ihre große Leidenschaft zum Reisen entdeckte. Ihre Erfahrungen sammelte sie vorwiegend in Asien, Afrika und Australien.

Mit ihren Publikationen – darunter auch das bei SIERRA erschienene Buch „Tempel, Kulte, Pharaonen. Eine Ägyptenreise durch Vergangenheit und Gegenwart“ – möchte sie mithelfen, Brücken zu anderen Kulturkreisen zu bauen.

Die Autorin lebt derzeit in Australien.

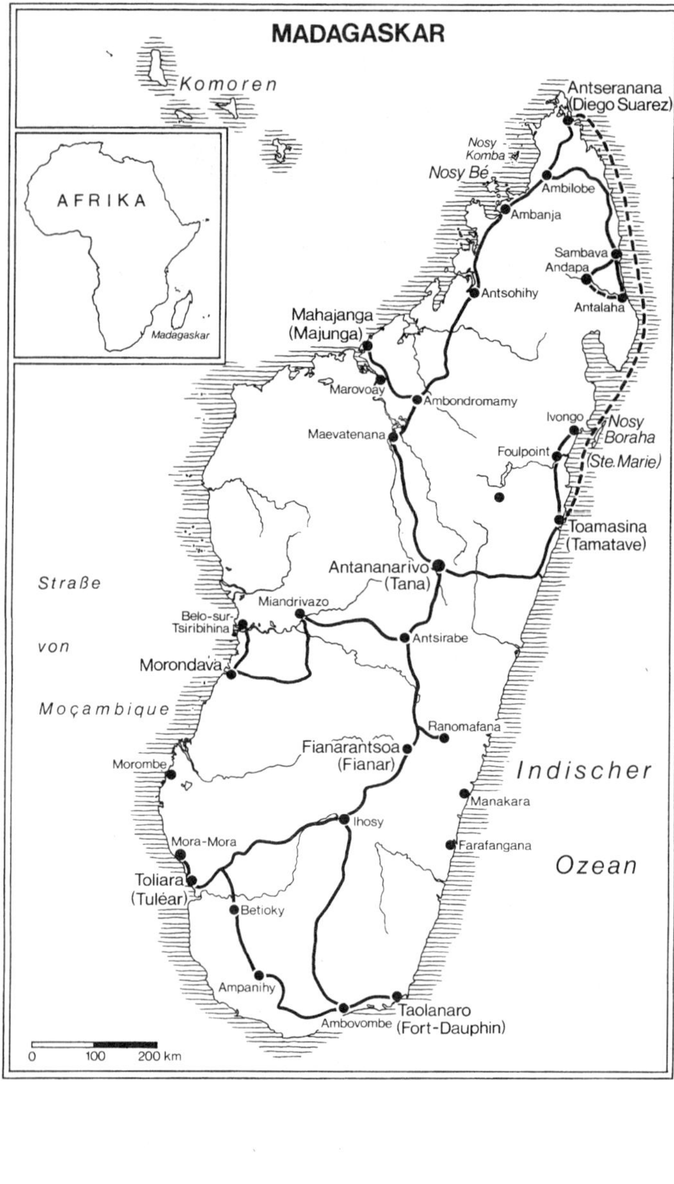
MADAGASKAR
Komoren
AFRIKA
Madagaskar
Antseranana
(Diego Suarez)
Nosy Komba
Nosy Bé
Ambilobe
Ambanja
Sambava
Andapa
Antalaha
Antsohihy
Mahajanga
(Majunga)
Marovoay
Ambondromamy
Maevatenana
Ivongo
Nosy
Boraha
(Ste. Marie)
Foulpoint
Toamasina
(Tamatave)
Antananarivo
(Tana)
Straße
von
Moçambique
Miandrivazo
Belo-sur-Tsiribihina
Antsirabe
Morondava
Ranomafana
Fianarantsoa
(Fianar)
Indischer
Ozean
Morombe
Manakara
Ihosy
Farafangana
Mora-Mora
Toliara
(Tuléar)
Betioky
Ampanihy
Ambovombe
Taolanaro
(Fort-Dauphin)
0
100
200 km

Christine Cerny

Ferne Insel Madagaskar

Wo Vanille und Pfeffer wachsen

SIERRA

Die Deutsche Bibliothek – CIP-Einheitsaufnahme
Ein Titeldatensatz für diese Publikation ist bei
Der Deutschen Bibliothek erhältlich.

REISEN · MENSCHEN · ABENTEUER

2. überarbeitete Auflage 2001
SIERRA bei Frederking & Thaler Verlag, München
in der Verlagsgruppe Bertelsmann GmbH

Titelfoto/Fotos: Christine Cerny
Karte: Isolde Notz-Köhler
Umschlaggestaltung: Atelier Seidel, Altötting
Lektorat: Susanne Härtel, München
Produktion: Sebastian Strohmaier, München
Gesamtherstellung: Presse-Druck Augsburg
Papier: Das Papier wurde aus chlorfrei gebleichtem Zellstoff hergestellt
ISBN 3-89405-058-6

www.frederking-und-thaler.de

Inhalt

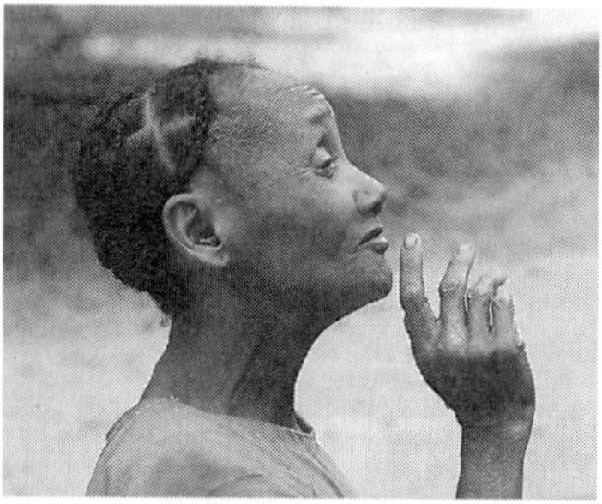

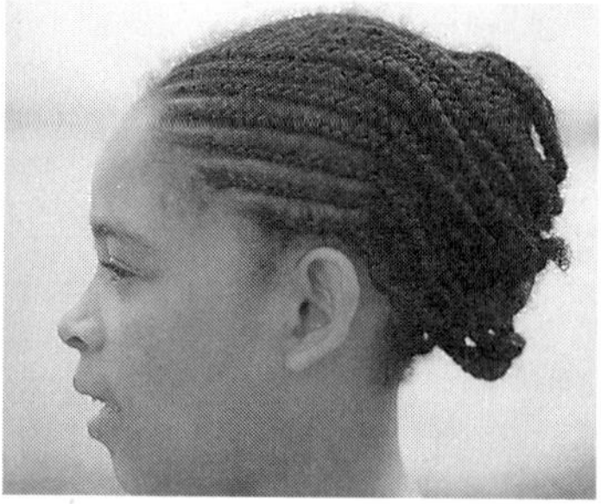

Menschen im Norden

DER NORDEN

Dorf-Alltag und Spaziergang mit einem Toten

Sanft tauchen die Ruderblätter in das dunkelgrüne Wasser. Sie erzeugen das einzige Geräusch in der tiefen Stille, die uns umgibt. Langsam gleitet der Einbaum auf dem schmalen Wasserweg voran. Simon, mein madagassischer Gastgeber, rudert am hinteren Ende der Piroge, ich vorne.

Inmitten der weit ausgestreckten, dampfenden Mangrovensümpfe im Nordosten von Madagaskar hat es niemand eilig. Es ist, als würde auf dieser Tropeninsel die Zeit stehenbleiben. Abseits von Tana, der unruhigen Hauptstadt, ist sie noch nicht zu einem Handelsartikel geworden. Während ich einen farbig schillernden Eisvogel bei seinen Tauchversuchen beobachte, denke ich: Unglaublich, wieviel Gegenwart so ein Augenblick in sich zu bergen vermag.

Mit jedem Ruderschlag entrückt Europa, das ich erst vor einer Woche verlassen habe, in weitere Ferne. Die europäische Lebensart hat mich zwar noch in Tana gestreift, und auch auf dem Weg hierher bin ich ihr manches Mal begegnet, aber nun gibt es nur noch Wasser und Land. Land, das sich in der stürmischen, regenreichen Zeit mit der vorwärtsrollenden See vereint. Zwischen dem dichten Mangrovenwuchs, der die Ufer säumt, ragen die großen Fächer der Ravinalapalme empor.

„Wir sind da!" ruft Simon mir zu.

Wir ziehen das Boot auf die gerodete Uferböschung, und ich folge dem kleingewachsenen Mann auf einem schmalen Pfad, der zwischen Dickicht und Wiesen hindurchführt. Simon bleibt plötzlich stehen und zeigt zufrieden auf das sattgrüne Reisfeld vor ihm. Wieviel harte Stunden haben er und seine Familie wohl daran gearbeitet, um das Getreide so weit gedeihen zu lassen? Vorbei an Papayastauden, Pfeffergewächsen, Gewürznelken- und Cheri-

In den dampfenden Mangrovensümpfen scheint die Zeit stillzustehen

moyabäumen gehen wir weiter bis zu den Maniokfeldern. Simon ist stolz auf seinen Grund und Boden. Die Ernteerträge sind die Lebensgrundlage seiner großen Familie. Sein Lehrergehalt würde niemals ausreichen.

Wir erreichen ein weitläufiges Dorf, in dem die strohgedeckten Hütten von kleinen Gärten umgeben sind. Ich sehe darin Bananenstauden, Kokospalmen, Ananasbüsche und Litschibäume, deren Früchte noch grün sind. Neugierig kommen uns die Dorfbewohner entgegen. Frauen lassen ihre hölzernen Stoßgeräte in den Mörsern liegen oder stellen das Schälen der Maniokwurzeln ein, kleine Kinder hängen sich schüchtern an die Rockfalten ihrer

Mütter, und Männer, die ein Dach mit Palmblättern abdecken, lassen ihre Arbeit stehen. Bald sind wir von einer kleinen Menschentraube umringt.

Simon stellt mich seiner Mutter und seinem Vater vor, einfache Bauern, klein und humorvoll wie ihr Sohn. Außerdem macht mich Simon noch mit einer ganzen Reihe von Verwandten bekannt. Obwohl die Kleidung der Leute abgenützt, alt und verschlissen ist, wirken die Menschen keinesfalls armselig auf mich. Ihre Gesten sind selbstbewußt und locker, ihre Augen fröhlich und warm.

Ich würde mich gerne mit den ungezwungenen Dorfleuten ein wenig unterhalten, doch wir müssen bald wieder aufbrechen, um das Dorf, in dem Simon jetzt lebt und in dem ich seit zwei Tagen Unterschlupf gefunden habe, noch vor Nachteinbruch zu erreichen. Auf dem Wasser spiegelt sich schon golden die Abendsonne. Es wird angenehm kühl.

„Jedes Jahr, wenn die große Flut kommt, müssen wir wegen der drohenden Überschwemmung in mein Elterndorf ziehen", erzählt Simon. „Meine Frau hat große Angst vor den Stürmen. Bereits im Dezember beginnt mich Lova zu drängen, damit wir unsere Sachen packen." Simon schmunzelt bei seinen Worten, als wolle er die Ängste seiner Frau entschuldigen. Dabei kann ich sie gut verstehen. Schon das heftige Tosen der Brandung, das weithin zu vernehmen ist, mahnt an die Urkräfte der Natur und läßt mich, obwohl auch davon fasziniert, erschaudern.

Inzwischen ist die Nacht hereingebrochen. Plötzlich riecht es nach glosender Holzkohle und gebratenen Fischen. Wir nähern uns dem Dorf, wo Simon mit seiner Familie wohnt. Charlette, die siebenjährige Tochter des gastfreundlichen Mannes, erscheint mit einer Petroleumlampe am Abhang, um uns den Weg zu leuchten. Die Einheimischen hier haben Augen so scharf wie Luchse, und auch in der Dunkelheit sehen sie um vieles besser als wir Europäer, die durch die selbstverständlich gewordene Straßenbeleuchtung das Sehen im Dunkeln verlernt haben. Daß Charlette uns mit der Lampe entgegenkommt, ist eine freundliche Geste mir gegenüber.

Vom ersten Augenblick an habe ich mich zu Charlette hingezogen gefühlt. Ihr offenes, kindliches Lächeln hat es mir angetan. Wenn immer es erscheint, zeigt sich die Welt in einem sonnigeren Licht. Doch sie hat auch ihre rätselhaften Seiten. Wenn sie mit ihren großen, manchmal recht ernst dreinblickenden Augen andere Menschen betrachtet, habe ich das Gefühl, als sehe sie durch diese hindurch.

Charlette scheint auch immer zu wissen, was gerade in ihrer Umgebung benötigt wird. Am ersten Abend suchte ich in der Dunkelheit der Hütte vergeblich in meinem Rucksack nach einer Kerze, als auch schon das zierliche Mädchen mit den lustigen Zöpfchen eine Lampe vor mich hinstellte. Und als ich gestern mittag dachte, jetzt wäre eine Tasse Tee recht, kam bereits Charlette und brachte heißen Kräutertee.

Anschließend hielten wir uns zusammen vor meiner Hütte auf. Die Kleine zeichnete phantasievolle Figuren in den Sand, als sie plötzlich aufstand und andeutete, daß sie nun gehen müsse. Dabei zeigte sie auf das Küchenhaus und gab mir zu verstehen, daß ihre Mutter, die gerade das Abendessen kochte, sie brauchte. Doch erst als sie bereits aufgestanden war und mir noch zuwinkte, wurde sie von ihrer Mutter gerufen.

Simon macht das Boot fest. Wir folgen Charlette und ihrem Licht.

„Charlette weiß immer, wann ich nach Hause komme. Und ich komme zu sehr unterschiedlichen Zeiten heim", sagt plötzlich Simon, als wüßte auch er, womit sich meine Gedanken beschäftigen.

„Wie kann sie das erraten?" frage ich neugierig.

„Sie braucht es nicht zu erraten, sie weiß es."

„Das verstehe ich nicht."

„Bei euch gibt es ein Telefon, mit dem ihr eure Gedanken schnell mitteilen könnt. Wir haben hier so was nicht, aber unsere Nachrichten werden trotzdem empfangen. Nicht jeder kann diesen ‚Draht' noch benutzen. Charlette kann es – und ich kann es auch."

Über welch hellwachen Instinkt diese Leute hier noch verfügen, denke ich. Wir haben diese Eigenschaft durch technische Störfelder als auch durch Dogmen, Verschulung sowie eine Erziehung,

Charlette

die Naturgesetze und natürliche Anlagen mißachtet, schon längst verloren.

Nach dem Abendessen sitzen Frauen, Männer, Kinder um ein kleines Feuer im Freien. Simons Neffe Charles spielt auf einem einfachen Saiteninstrument, und seine Schwestern Nicole und Marie singen dazu mit hohen, klaren Stimmen. Mit einer Engelsgeduld übersetzt mir Simon die Lieder ins Französische, da ich den madegassischen Text leider nicht verstehe. Ihre rhythmischen Gesänge erzählen von traurigen oder auch lustigen Ereignissen. Zuerst von den Fischerleuten, ihrem Kampf mit dem Meer und vom Tod eines Fischermanns, der in den Wellen zurückgeblieben ist. Dann folgt ein Lied, das von einer reichen Ernte berichtet, von Tanz und satten Bäuchen.

Leid und Freude liegen eng beisammen, hinterlassen Spuren in einem Menschenleben. Alles was dazwischenliegt, verblaßt in der Erinnerung.

Doch es gibt auch Lieder über den Alltag, über Bäume, Blumen und Sterne. Den Kindern werden so Geschichten ihrer Ahnen übermittelt, und sie erfahren von Naturwesen, die in Pflanzen, im Boden oder im Wasser leben. Man muß sich gut mit ihnen stellen, damit sie den Menschen in vieler Hinsicht beistehen. Die verschiedenen Liedergeschichten haben zwar einen feststehenden Kern, doch schmückt sie jeder Sänger nach seinem eigenen Geschmack aus.

Ein Gesang handelt von den räuberischen Krokodilen, die Menschen beim Baden überraschen, vor allem die Frauen, die in den Flüssen ihre Wäsche waschen. Ich bekomme zu hören, daß Krokodile auch nach Rindern schnappen, die ans Ufer kommen, um zu trinken. Dabei ziehen die Reptilien die Köpfe der Zebus ins Wasser, bis sie ertrinken.

Ich frage Simon, ob es hier noch Krokodile gibt.

„Wir haben schon lange keine mehr gesehen", sagt er. „Die Franzosen haben Jagd auf ihre Häute gemacht, doch das wurde dann verboten. Seit einigen Jahren ist es wieder erlaubt. Angeblich sollen sie sich wieder vermehren. Das kann ich mir allerdings nicht vorstellen, denn kaum taucht irgendwo ein Jungtier auf, wird ihm auch schon nachgestellt."

Wie die Dorfbewohner stehe ich früh auf. Selbst wenn ich wollte – länger schlafen ist kaum möglich. Die Hähne krähen, die Truthähne streiten, und der Hund hat es auf einen Enterich abgesehen. Schon im Morgengrauen sitzen die Leute beisammen und unterhalten sich lautstark, wobei vor allem die Frauen schrille, hochgezogene Töne von sich geben. Aber auch die Stimmen der Männer schwellen an, wenn sie etwas besonders hervorheben wollen. Und immer gibt es etwas zu lachen. Ich habe das Gefühl, Madegassen können über alles lachen. Wohl eine Art Galgenhumor, den sie sich in schlechten Zeiten angewöhnt haben, um das Leben erträglicher zu machen. Sie haben auch Spaß daran, einander zu necken, manchmal auch zu verspotten.

Ich nehme eine kalte Dusche, wobei ich mir mit einer halben Kokosnußschale aus einer großen, rostigen Tonne Flußwasser über den verschwitzten Körper gieße. Erfrischt geselle ich mich zu der lustigen Morgenrunde.

Bao, Simons Neffe, wird gerade von den anderen wegen seiner Tolpatschigkeit, die er gestern beim Fischen gezeigt haben soll, ausgelacht. Ives, Baos älterer Bruder, der ständig Purzelbäume und Saltos auf der weichen, mit Moos gepolsterten Wiese schlägt, um sich fit zu halten, zieht Bao auf: „Der Kleine hat sich so dumm angestellt, daß die Fische ihn ganz verwundert angeschaut haben, bevor sie gemächlich davongeschwommen sind."

Angespornt durch den Lacherfolg, erzählt Ives das gleiche noch ein paarmal, doch Bao läßt den Spott mit gutmütiger Miene über sich ergehen.

Spott wird aber nur mit Menschen getrieben, die sich ihrer Haut wehren können. Da ist beispielsweise die körperlich und geistig schwer behinderte Fasolate, eine Cousine von Simon. Das Gehen bereitet ihr große Mühe, denn bei jedem Schritt knickt das Bein weg, als wolle es das Mädchen nicht mehr tragen. Angeblich wurde Fasolates Mutter von einer Hexe verwünscht, während sie schwanger war. Hinter dem bösen Fluch soll die Schwester der werdenden Mutter gesteckt haben, die auf die gesunden Kinder ihrer Schwester neidisch war, während sie nur kränkliche Kinder zur Welt gebracht hatte. Auch das Sprechen strengt Fasolate an. Ihre Bemühungen enden in unschönen Gesten und unverständlichen, dumpfen Lauten. Bei uns würde ein solch bedauernswertes Wesen als öffentliches Ärgernis betrachtet werden und in einer Anstalt verschwinden, wo sie nicht die Gesunden, Leistungsfähigen und Erfolgversprechenden stört. Fasolate hat Glück, nicht in eine solche genormte Welt hineingeboren worden zu sein. Hier, inmitten ihrer Familie, scheint sie keinem zur Last zu fallen, und niemand macht sich über sie lustig. Sie wird aber auch nicht bemitleidet. Ihr Gebrechen wird von den anderen angenommen, so wie es ist.

Zakia, ein lebenslustiges, etwa sechzehnjähriges Mädchen, führt ein großes, rosa Schwein an einem Strick hinter die Hütten in den Busch. Dort wird das grunzende Tier für den Tag angebunden. Ives, dem Zakia zuvor schöne Augen gemacht hat, geht mit ihr. Dabei hatte das Mädchen gestern mit großem Vergnügen Bao den Kopf verdreht.

Zakia ist als kleines Kind von Simon und Lova ins Haus genommen worden, nachdem Zakias Eltern gestorben waren. In der Geborgenheit ihrer neuen Familie hat sie sich zu einem kecken, selbstbewußten Mädchen entwickelt. Sie versteht es geschickt, die Vorzüge ihrer Jugend ins rechte Licht zu setzen. Sie tut es frei und ungeniert, wobei sie ihre Gunst äußerst großzügig verteilt. Ives und Bao verbergen keineswegs ihr Interesse an Zakia, doch keiner zeigt sich dem anderen gegenüber eifersüchtig. Ives hat auch noch eine Freundin im Nachbardorf. Bereits vor der Ehe intime Beziehungen zu haben, wird wohl nicht als unmoralisch angesehen. Offensichtlich ist ihnen auch das Bedürfnis nach ewiger Liebe bis in den Tod fremd.

Im Flugzeug nach Tana hörte ich, wie ein Missionar zu seinem Begleiter sagte: „Madagassen sind gewiß die treulosesten Menschen auf der Welt. Zumindest was ihre Partner betrifft. Treu sind sie aber zeitlebens ihren Kindern, Eltern und Ahnen gegenüber."

Ich kenne Madagaskar zwar erst seit zehn Tagen, doch ich glaube, der Mann wußte, wovon er sprach. Gottlieb Wimmer erwähnt in seinem historischen Reisebericht von 1834: „Madagassen sind ausschweifende Liebhaber des weiblichen Geschlechts", während er über die Frauen schreibt: „Keuschheit gehört überhaupt nicht zu den wesentlichen Eigenschaften einer Madagassin. Demungeachtet ist das Weib nicht Sklavin, sondern verfügt über sich ziemlich frei."

Daran hat sich bestimmt nichts geändert. Ihre Freiheit zeigen die Frauen schon allein darin, daß sie nach der Eheschließung ihren Familiennamen beibehalten. Man kann zwar beobachten, daß Frauen den Männern zuerst das Essen servieren, bevor sie selbst und die Kinder die Mahlzeiten einnehmen, aber keine der Dorffrauen erweckt deswegen den Eindruck, als fühle sie sich unterdrückt, benachteiligt oder unterbewertet. Sie scheinen mit ihren Füßen fest auf dem Boden zu stehen. Jede Bewegung, jede Geste demonstriert Selbstsicherheit.

Auch Gleichberechtigungsprobleme scheinen sie nicht zu kennen. Viele der täglich anfallenden Pflichten werden von Männern und Frauen gleichermaßen ausgeführt. Mädchen wie Jungen holen Wasser, sammeln Holz, reinigen Töpfe oder stampfen Reis im Holzmörser. Simon ist genausooft in der Küche zu sehen wie Lova, und er kocht ebenso gut. Allerdings, Mattenflechten ist vorwiegend Frauenarbeit, wie das Fischen Männersache ist. Aufwendigere Arbeiten, wie den Reis pflanzen oder ernten, werden von allen Familienmitgliedern gemeinsam in Angriff genommen.

Auch die Kinder werden in den Aufgabenkreis mit einbezogen. Ihrem Alter entsprechend übernehmen sie schon kleine Aufgaben. Sie verlesen den Reis, säubern Krevetten und kleine Fische oder suchen die Eier der frei laufenden Hühner und Enten. Die Kinder dürfen sich dabei ruhig Zeit nehmen. Die Arbeit ist anfangs wie ein Spiel, bei dem sie die Erwachsenen nachahmen. Dann wird daraus ein Lernprozeß, während dem sie langsam in ihre späteren Pflichten hineinwachsen.

Der Großvater, Lovas Vater, ist ebenfalls nicht tatenlos. Er füttert das zahlreiche Federvieh, das für festliche Tage oder als Notvorrat für schlechte Zeiten gehalten wird. Der alte Mann paßt abwechselnd mit den größeren Kindern auf den jüngsten Nachwuchs auf, und das ausgesprochen liebevoll. Stundenlang hält und schaukelt er das Kleinste zärtlich im Arm. Väter und Großväter zeigen hier ganz offen ihr Glück und ihren Stolz über jeden einzelnen Nachkommen, egal ob es sich um Jungen oder Mädchen handelt. Zwischen alten und jungen Menschen herrscht großes Vertrauen. Generationskonflikte scheinen ihr Zusammenleben nicht zu belasten.

Noch am frühen Vormittag begleite ich Lova auf einem kleinen Rundgang in die Umgebung. Sie sammelt Heilkräuter für ihren Vater, der an starkem Husten leidet. Simons Frau zeigt mir auch andere unscheinbare Kräuter. Die eine Pflanze ist gut bei Magenschmerzen, die andere bei Durchfall, und von jenem Kraut werden nur die Blüten genommen und mit Fett zu einer Heilsalbe vermischt, die bei offenen Wunden hilft.

„Und diese Blätter hier", erklärt Lova, während sie auf einen kleinen Strauch zeigt, „sind gut bei Schwäche. Man darf aber nur wenig davon nehmen, nur so viel, wie man zwischen Daumen und Zeigefinger verreiben kann. Nimmt man zuviel davon, kann es schlimme Folgen haben."

Lova kennt sich wirklich gut aus mit den hier wachsenden Pflanzen. Sie behandelt nicht nur die Krankheiten in ihrer eigenen Familie, sondern betreut auch die Kranken, die aus anderen Dörfern zu ihr kommen, um sich von ihr helfen zu lassen.

Das Wissen hat sie von ihrer Großmutter erhalten, die wegen ihrer ausgeführten Heilkunst von einem französischen Missionar wegen Scharlatanerie angezeigt wurde. Man brachte Lovas Großmutter nach Taomasina und stellte sie vor Gericht. Als sich jedoch der Richter, einerseits aus Neugierde, andererseits aus Verzweiflung, weil ihm die Medizin der französischen Ärzte bei einem bösen Hautgeschwür nicht geholfen hatte, einer Pflanzenbehandlung der Angeklagten anvertraute und diese Erfolg brachte, ließ er die heilkundige Frau wieder frei. Heute zeigen unsere Ärzte und Biologen sowie namhafte pharmazeutische Betriebe großes Interesse an den Heilkräutern Madagaskars. Da sich die Heilkundigen jedoch der schlechten Erfahrungen mit Europäern erinnern, wie sie von ihnen belächelt oder gar verfolgt wurden, geben sie nur selten ihre Kenntnisse an Fremde weiter.

Als Lova und ich von unserem Spaziergang zurückkehren, sitzen Zakia und Charlette auf einer grob geflochtenen Matte vor einer Hütte. Zakia kämmt gerade das lange, widerspenstige Haar ihrer kleinen Schwester. Während Lova die Kräutermischung aufbrüht, setze ich mich zu den beiden Mädchen. Zakia sucht Haarsträhne um Haarsträhne nach Läusen ab. Findet sie ein Läusenest, zerdrückt sie es zwischen den Daumennägeln. Später reibt Zakia Rinderfett in Charlettes krause Locken und flicht sie zu vielen dünnen Zöpfchen. So wird die Frisur gut ein bis zwei Wochen lang halten.

Sich gegenseitig frisieren oder den Kopf nach Läusen absuchen gehört zu den Lieblingsbeschäftigungen madagassischer Frauen und Mädchen. Vielleicht gibt ihnen die gegenseitige Berührung ein Gefühl von Vertrauen und Geborgenheit. Beim Flechten und Ordnen der Haare zeigen sie unglaublich viel Geduld und Geschicklichkeit. Und sie lassen sich Zeit dazu, die sie ja reichlich besitzen. Sie haben zwar ihre täglichen Aufgaben, aber sie überarbeiten sich dabei nicht. Hier lebt man nicht, um zu arbeiten, sondern arbeitet, um zu leben.

Mittags gönnen sich alle eine lange Ruhepause. Noch heute wird den Kindern erzählt, daß zur Mittagszeit, wenn die Spitzen der Sonnenstrahlen derart glühen, als wollten sie das Land versengen, die guten Geister schlafen. Während der heißen Zeit treiben nur die bösen Geister ihr Unwesen. Daher ist jeder gescheit, der es den guten Geistern nachmacht und sich auch ausruht. Mancher Dorfbewohner streckt sich im Inneren der Hütten auf sauberen Palmfasermatten aus, andere legen sich in den Schatten der vorspringenden, mit Palmenblättern gedeckten Dächer. Auf einer Bank unter einem Litschibaum liegt Zakia sorglos und entspannt wie ein junges Kätzchen. Frei von Unruhe, Unsicherheit und psychischer Bürde, bietet sie ein Bild des totalen Losgelöstseins.

Auch die Tiere halten sich an die Ruhestunden. Der Hund liegt faul ausgestreckt im Schatten der Bananenstauden und träumt mit leise brummenden Tönen und zuckendem Körper. Truthähne, Enten und Hühner dösen in stillen Ecken vor sich hin, ihre Köpfe tief ins Gefieder gesteckt. In totenähnlichen Schlaf scheinen auch die Insekten, die Pflanzen, der Wind und das Wasser zu fallen. Über Mensch und Natur liegt tiefe Ruhe.

Erst wenn die flirrende Sonnenglut sich in goldenes, sanftes Licht verwandelt, erwachen die guten Geister wie neu geboren. Und mit ihnen alles Leben. Der Wind erhebt sich erfrischt und fährt übermütig zwischen Blätter und Ritzen hindurch. Insekten summen und zirpen. Stechmücken beginnen, Mensch und Tier zu ärgern. Vögel beweisen erneut ihr Stimmvolumen. Und auf den Wasserarmen, die vom Meer gespeist werden, formieren sich die Wellen zum lustigen Tanz.

Auch die Menschen werden wieder tätig. Bao trägt Feuerholz heran. Die Mörser dröhnen gleichmäßig unter den dumpfen

Schlägen, wobei Maries und Nicoles Oberkörper im Gleichtakt auf und ab pendeln. Charlette balanciert auf hocherhobenem Kopf zwei Töpfe, die sie am Fluß gereinigt hat. Ihre Bewegungen sind weich und stark zugleich. Einerseits noch ganz das kleine Mädchen, andererseits bereits selbstbewußt wie eine Erwachsene. Auch Ives kommt vom Fluß, in seinen Händen ein Bastkörbchen, das zum Krevettenfang verwendet wird. Er schüttet die kleinen, noch zappelnden Tiere in eine Schüssel, die ihm Zakia lächelnd hinhält. Simon, der von seinen Feldern zwei grüne und eine orangefarbene Papaya mitgebracht hat, bereitet das Abendessen vor. Aus den grünen Papayas und den Zwiebeln zaubert er ein köstliches Gemüse, während die reife Frucht zur Bereicherung des Frühstücks gedacht ist. Lova wäscht inzwischen ihre zwei Kleinsten, die unter dem kalten Wasserguß klägliche Grimassen schneiden.

Der Geruch vom Holzfeuer mischt sich mit dem Duft gebratener Krevetten, die Simon zu dem Gemüse gibt. Mir läuft das Wasser im Mund zusammen, und es schmeckt dann auch hervorragend. Zum Essen wird Reiswasser, das Lieblingsgetränk der Madagassen, gereicht. Dazu wird der Topf mit dem übriggebliebenen Reis nochmals auf das Feuer gestellt, bis die Körner braun werden. Erst dann wird Wasser dazugegossen und aufgekocht. Zum Glück mag ich den Geschmack von angebranntem Reis.

Nach dem Essen setzen sich die Männer tabakkauend auf die Veranda von Simons Hütte und besprechen die Tagesereignisse. Heute bilden die Frauen eine eigene Gruppe, in der es lustig zugeht. Die blitzenden Sterne und der zunehmende Mond sorgen für genügend Licht. Denn in dieser versteckten Ecke Madagaskars gibt es noch keinen Strom. Kein Radio plärrt. Kein Fernseher sorgt für Zerstreuung. Hier verstehen es die Menschen, sich selbst zu unterhalten. Und wie ihnen das gelingt!

Langsam verklingt das Lachen, die Worte werden leiser, verstummen. Allmählich zieht sich jeder in seine Hütte zurück. Auch ich begebe mich in die Abgeschiedenheit meiner kleinen Hütte. So gern ich mit diesen liebenswerten Menschen zusammen bin, so sehr genieße ich es auch, mit meinen Empfindungen allein

Vorbereitung für das Abendessen

zu sein. Innerhalb der vier Wände finde ich die Ruhe, meine Gedanken zu fassen, zu formen und zu bändigen. Ich suche nach einem Streichholz und zünde den mit Petroleum getränkten Lampendocht an. Im matten Lichtschein mache ich mir Notizen, schreibe auf, was mich beeindruckt, was mich fasziniert. Meist sind es die kleinen Ereignisse des Alltags, die mich nachdenklich stimmen. Ein Lächeln, ein Blick, der Tonfall einer Stimme, eine bedeutungslos scheinende Geste. Durch meine Beobachtungen lerne ich die Menschen besser kennen, gewinne eher Einblick in ihren Alltag als durch große Worte, die die Sprache des Herzens verfälschen können.

Ich sehe mich in dem kleinen Raum um. Ein schmales, hartes Bett, eine geflochtene Matte und ein wackeliger, von Termiten angefressener Hocker sind das ganze Inventar. Die einfachen Möbel sind aus Palisander gemacht. Das bei uns so teure Tropenholz wächst hier vor der Haustür. Die Hüttenwände sind aus groben Holzlatten aneinandergefügt. Das Dach ist mit Stroh gedeckt. Ich fühle mich wohl unter diesem Dach und bei diesen Menschen, von denen ich noch kein böses Wort gehört oder eine unwirsche Geste wahrgenommen habe.

Immer wieder treibt es mich in diese Einfachheit. An Orten, wo konsumorientiertes Denken noch nicht einverleibt worden ist, sind materielle Ansprüche bescheiden und zwischenmenschliche Beziehungen intakt geblieben. Genau da wird eine empfindsame Stelle in meinem Inneren berührt, wird die Sehnsucht nach Geborgenheit und echter Lebensqualität, die ich einst als Kind empfunden, doch mit dem Erwachsenwerden zu unterdrücken gelernt habe, wieder wach.

Ich lösche das Licht und schaue hinaus in die klare Nacht. Die Sterne wirken größer und strahlender als bei uns. Zikaden halten ihr Nachtkonzert, als wären Millionen Kreissägen in ständiger Bewegung. Dazwischen ertönt das dumpfe Pauken der Frösche, dann noch das tiefe Husten des Großvaters aus der Hütte nebenan.

Zum Frühstück gibt es Entenei-Omelette und Reis. Es ist ein sonniger Sonntagmorgen. Die Dorfbewohner ziehen heute ihre besten Kleider an, ganz anders als an den anderen Tagen, an denen sie stark abgenutzte und oft löchrige Kleider tragen und man meinen könnte, sie machten sich gar nichts aus Äußerlichkeiten. Lova hat ein rosafarbenes, rüschenbesetztes Nylonkleid angezogen und Zakia ein hellblaues mit einem tiefen Ausschnitt, der ihren üppigen Busen noch deutlicher zur Geltung bringt. Beide tragen große, mit bunten Blumen verzierte Strohhüte und kleine Basthandtäschchen, die in der ländlichen Umgebung auf mich etwas komisch wirken. Zum Schutz gegen die Sonne hat Lova einen Regenschirm aufgespannt.

Am Sonntag, am Tag der Muße, werden nur die allerwichtigsten Arbeiten erledigt, und die beiden herausgeputzten Damen, die an europäische Frauen im 19. Jahrhundert bei ihrer sonntäglichen Promenade erinnern, nehmen sich den Rest des Tages frei, um Verwandte in einem Nachbardorf zu besuchen. Ich dagegen nütze den friedlichen Tag, um in Ruhe meine Notizen zu ergänzen.

Am Nachmittag spielt Charlette in meiner Nähe. Sie hat an eine rostige Konservendose eine Schnur gebunden, füllt Sand hinein und zieht den so entstandenen Kleinlaster hinter sich her. Als ich das Tagebuch zusammenklappe, kommt sie sofort zu mir herüber, setzt sich neben mich auf den Boden und beginnt, Menschen in den Sand zu zeichnen. Sie hat wirklich Talent. Ich hole aus meinem Rucksack Papier und ein paar Farbstifte, die ich auf Reisen immer für zeichenfreudige Kinder mitnehme. Freudestrahlend beginnt Charlette darauf loszumalen, und im Nu hat sie alles um sich herum vergessen. Auch mich.

Plötzlich hält Charlette inne und schaut den Weg entlang, der über die Wiese führt und sich dann im Gebüsch verliert. Ich kann nichts sehen, was ihre Aufmerksamkeit erregt. Sie beginnt wieder zu zeichnen, ist aber nicht mehr so konzentriert wie zuvor. Erst zehn Minuten später entdecke ich die Prozession, die auf uns zukommt. Ein paar Männer tragen eine längliche Holzkiste auf ihren Schultern. Ihnen folgen an die zwanzig Personen. Als mich die Vorübergehenden erspähen, lachen einige von ihnen aus vollem Hals, als hätten sie einen guten Witz gehört. Sie machen ihre

Späße über die *vahiny*, die Fremde, wie sie über alles ihre Scherze treiben, das ihnen unbekannt ist.

Simon ist von seinem langen Mittagsschlaf aufgewacht. Er deutet auf die Holzkiste.

„Darin liegt ein Mann, das heißt eigentlich nur noch seine Überreste, denn er ist schon vor vielen Jahren gestorben", klärt er mich auf. „Bei uns ist es Brauch, alle paar Jahre die verblichenen Gebeine unserer Verstorbenen zu reinigen, umzuwenden und in ein frisches Tuch zu hüllen. Dann werden dem Toten die angeheirateten Familienmitglieder und die jüngsten Nachkommen vorgestellt, die er noch nicht kennt, und man unterhält sich recht ausführlich mit ihm. Schließlich sammeln sich in den Jahren viele Neuigkeiten an." Simon bemerkt meinen erstaunten Blick. „Na ja", fährt er fort, „auch wenn er tot ist, hat er doch das Recht, über das neueste Geschehen unterrichtet zu werden. Dann trägt man ihn durch das Dorf, damit er sehen kann, was sich alles im Lauf der Zeit verändert hat. Bei uns findet jeder Verstorbene an dem Ort seine letzte Ruhe, wo er auch geboren wurde. Und wenn er zwischendurch woanders gelebt hat, wird er nach dem Tod zu seinem Geburtsort zurückgebracht."

Der Spaziergang mit dem Toten führt bis zu den Reisfeldern und in die umliegenden Dörfer.

Was für eine schöne Sitte, sich auf diese Weise der Verstorbenen zu erinnern und sie weiterhin in den Alltag mit einzubeziehen! Als die Prozession zurückkehrt, beobachte ich die Gesichter der Leute. Nicht die Spur von Trauer ist darin zu lesen, dafür sehr viel Heiterkeit. Sicher hat der Mann in der Holzkiste seine stille Freude daran.

Endlos zieht sich der helle Sandstreifen dahin. Noch markiert er die Trennungslinie zwischen Meer und Land, das in einigen Wochen überschwemmt sein wird. Dieser traumhafte Strand gehört mir im Augenblick ganz allein. Selten kommen Fischerleute vorbei. Ich ziehe mich gern hierher zurück und lasse die Seele baumeln. Es ist mein letzter Tag in dieser Idylle. Morgen fährt wieder ein Transportboot, mit dem ich nach Ivongo zurückkehren werde. Etwas wehmütig höre ich der Brandungsmusik zu, während meine Finger mit dem feinen, goldgelben Sand spielen.

Hinter unzähligen Gischtkronen liegt Nosy Boraha, eine sechzig Kilometer lange und fünf Kilometer breite Insel, deren höchste Erhebung etwa hundert Meter hoch ist. Über Ste. Marie, wie die Insel von Missionaren genannt wurde, hat sich grauer Dunst ausgebreitet. Dagegen ist hier an der Küste der Himmel wie klargefegt und fast kitschigblau.

Nosy Boraha war früher eine Strafkolonie madagassischer Herrscher. Die zu Zwangsarbeit verurteilten Sträflinge flohen jedoch in selbstgebauten Booten zurück zum Festland, wo sie in den einst dichten Urwäldern und in abgeschiedenen Tälern untertauchen konnten. Heute ist Nosy Boraha beliebtes Ziel vieler Touristen. Auch ich wollte auf diese als sehr schön gepriesene Tropeninsel. Doch wie so oft zuvor in meinem Reiseleben ist mal alles wieder ganz anders gekommen.

Ich war zusammen mit Herbert nach Madagaskar geflogen, und wir wollten uns beide erst einmal auf Ste. Marie erholen. Herbert hatte bereits das Ticket für einen Anschlußflug in der Tasche, während ich den Zug nach Tamatave nahm, um mich dort nach einer Schiffsverbindung umzusehen. Tamatave ist die größte Stadt an der zyklongefährdeten Ostküste und heißt auf madagassisch Toamasina. Alle großen Städte bekamen im Zuge der Kolonialisierung bzw. der Missionierung europäisierte Namen, die trotz der zunehmenden Zurückbesinnung auf die eigene Kultur erhalten blieben. Außerdem haben Europäer Zungenprobleme mit madegassischen Namen, die man ganz anders ausspricht als schreibt.

Nach einer Zugfahrt mit phantastischen Ausblicken auf romantische Flußtäler und den dampfenden Dschungel traf ich in Tamatave den Entwicklungshelfer Martin wieder, den ich in Tana mit seiner einheimischen charmanten Frau Colette kennengelernt hatte. Doch diesmal war der korpulente Schweizer, der theatralisch, laut und wie ein Wasserfall spricht, in Begleitung von Helen, einer jungen, rassig aussehenden Madagassin, die ständig lachte und ihre perlweißen, makellosen Zähne eitel aufblitzen ließ. Sie trug ein knappes weißes Trägerhemdchen und rote Shorts und war bemüht, sich wie ein Mannequin zu bewegen. Ich erinnerte mich gut, wie empört sich Martin in Tana über den Sex-Tourismus ausgelassen hatte, der in Madagaskar seit einigen Jahren unschöne Blüten treiben soll.

Von Martin erfuhr ich nun, daß auch er vorgehabt hatte, mit dem Schiff nach Nosy Boraha überzusetzen, daß diese Verbindung inzwischen jedoch eingestellt worden sei. Immerhin – so hieß es –, die Fähre von Manompana, einem nördlicher liegenden Ort, sollte noch funktionieren.

Am nächsten Morgen zwängte ich mich also mit Martin, Helen, Maurice und René, zwei französischen Touristen aus La Réunion, in ein zum Bersten volles Taxi-Brousse und fuhr Richtung Norden. Während der Fahrt fragte ich Martin neugierig, wo er denn seine Ehefrau gelassen habe.

„Sie mag das Herumreisen nicht. Sie ist nach Hause geflogen."

„Hast du ihr gegenüber denn kein schlechtes Gewissen?"

„Wir sind doch gar nicht richtig verheiratet", antwortete Martin lachend, „nur nach madegassischer Art."

„Und was heißt das?"

„Der Mann lebt mit der Frau zusammen und gibt ihr Geld. Und wenn er sich von ihr trennen will, dann zieht er einfach aus."

„So ganz einfach . . . und gibt ihr auch kein Geld mehr."

Meine Fragen gingen ihm sichtlich auf den Nerv. „Das ist hier nicht so schlimm", meinte er. „Die Leute nehmen so etwas ganz locker. Von ihnen kann man lernen, das Leben zu genießen." Damit legte er den Arm um Helen.

In Ivongo war Endstation. Müde und zerknittert kletterten wir aus dem uralten Fahrzeug. Von neugierig herbeikommenden Dorfbewohnern erfuhren wir, daß zur Zeit die Weiterfahrt nach Manompana nicht möglich sei. Zwei am Wege liegende Flüsse könnten nicht überquert werden. Die Fähren seien kaputt.

„Und wie kommen wir jetzt nach Ste. Marie?" fragten wir.

„Das ist kein Problem", sagte ein junger Mann. Wir müßten nur mit einer Piroge die vor uns liegende Bucht überqueren. Dann

Bootsanlegestelle in Ivongo

seien es noch an die siebenundzwanzig Kilometer zu Fuß bis zur Landspitze, die weit ins Meer hinausragt. Von dort würden uns Fischer mit ihren Auslegerbooten nach Nosy Boraha übersetzen.

Wir alle waren mit diesem abenteuerlichen Weg einverstanden und ließen uns mit einem schaukelnden Einbaum über die azurblaue Meeresbucht bringen. Dort hatten wir das Glück, auf ein Transportboot mit Außenbordmotor zu treffen, das uns durch das Mangrovengebiet mitnahm. Dadurch verkürzte sich die vor uns liegende Fußstrecke erheblich.

Gemächlich tuckerten wir mit dem rostigen Kahn unter dampfenden Blätterdächern auf verwinkelten Wasserwegen vorbei an wild wuchernden Luftwurzeln und Wasserpflanzen. Kein Lüftchen regte sich, und alle Stimmen der Natur waren wie verstummt. Das einzig Störende an der beschaulichen Fahrt war das laute, aufdringliche Geschwätz von Martin und das schrille Lachen seiner Freundin. Auch René und Maurice waren nicht gerade nach meinem Geschmack. Sie ließen sich ständig darüber aus, wie rückständig und dreckig Madagaskar im Vergleich zu La Réunion sei.

An Bord befanden sich auch Leute auf dem Heimweg in ihre Dörfer. Einer von ihnen war Simon. Ich mochte sofort seine ruhige Art wie auch seine schelmische Verschmitztheit. Wir verließen an gleicher Stelle das Boot wie Simon, der uns anbot, mit ihm zu kommen, da unser Weg nahe an seinem Dorf vorbeiführte. Sofort verliebte ich mich in das Sechs-Hütten-Anwesen, das im sanften Spätnachmittagslicht vor uns auftauchte. Ein Duftgemisch aus reifen Ananas und Gewürznelken lag in der Luft. Ste. Marie begann aus meinen Gedanken zu verschwinden. Als uns Simon dann einlud, auf seiner überdachten Veranda auszuruhen und ich die kleine Charlette sah, die uns heißen Tee brachte, wußte ich, daß ich mit den anderen nicht zusammenbleiben wollte. Mit ihnen hatte ich ständig das Gefühl, Europa im Schlepptau mitzuführen, während ich doch eigentlich Madagaskar erfahren wollte.

Mit Herbert hatte ich ausgemacht, sollten wir uns nicht auf Ste. Marie sehen, würden wir uns später in Tamatave in einem bestimmten Hotel treffen. So fragte ich Simon, ob ich hier ein paar Tage bleiben könnte.

„Kein Problem", antwortete er lächelnd. Ich war sicher, daß er mich durchschaute und verstand. Ohne Bedauern ließ ich die anderen weiterziehen und blieb zurück in dem kleinen, von Litschibäumen beschatteten Dorf.

Die Sonne versinkt bereits hinter den Baumwipfeln. Noch ein letztes Mal werfe ich einen Blick auf die stille Bucht und das Meer, das im matten Abendlicht glitzernd vor mir liegt. Dann wird es Zeit für mich, und ich kehre ins Dorf zurück.

Ich mag diesen Platz und seine Menschen. Mir gefällt ihre unkomplizierte Lebensart. Aber ein Paradies ist der Ort nur auf den ersten Blick. Schönes und Häßliches scheinen in Madagaskar dicht beisammenzuliegen. So bin ich entsetzt darüber, wie viele Leute nur noch wenige oder gar keine Zähne mehr haben, Simon und Lova, die etwa vierzig Jahre alt sind, nicht ausgeschlossen. Auch

Bao, Ives und Zakia fehlen schon Vorderzähne, und der Großvater kann sich gewiß kaum noch erinnern, wie es war, als er noch mit Zähnen kaute. Mir wird weh ums Herz, wenn ich daran denke, daß auch Charlette eines Tages derart entstellt herumlaufen könnte. Dabei waren Ida Pfeiffer, die Mitte des 19. Jahrhunderts nach Madagaskar reiste, gerade die schönen, weißen Zähne der Madagassen aufgefallen. Was ist geschehen? Hat sich die Ernährung vielleicht so stark verändert? Man sagte mir, daß sich die Einheimischen teils zu einseitig, teils auch nur mangelhaft ernähren sollen. Aber wie ist das möglich? Madagaskar besitzt weite, fruchtbare Flächen, auf denen eine große Anzahl vitamin- und mineralreicher Früchte und Gemüsesorten gedeihen. Mangelt es an der Verteilung?

Aber gerade hier an der üppigen Ostküste wachsen Obst und Gemüse direkt vor der Haustür. Die Menschen holen sich von ihren Feldern oder aus ihren Gärten, was gerade reif ist. Und es gibt immer irgend etwas zu ernten. Wie im Paradies, war meine erster Eindruck gewesen.

Ein deutscher Agrarexperte erzählte mir in Tana, daß viele Leute ihre Ernte verkaufen, sich also nicht selbst davon ernähren. Ihre Geldsorgen sind oft groß, die eigene Gesundheit wird dann zur Nebensache. Andere behaupten, die überreiche Eiweißaufnahme durch Fluß- und Meerestiere sei schuld an der verbreiteten Zahnlosigkeit. Was auch immer der Grund sein mag, für mich wirft sie einen unschönen Schatten auf die vermeintliche Trauminsel.

Der Abschied von Simon, Lova und ganz besonders von Charlette fällt mir schwer. Das Mädchen sieht mich mit großen Augen stumm an. Ich hoffe, daß ich ihr nicht weh tue, denn für ein paar Tage bin ich in ihre Welt eingebrochen und habe ihr eine Freundschaft angeboten, die ich ihr nun so schnell wieder entziehe. Ich möchte sie gern in meine Arme schließen, aber es ist hier nicht üblich, in der Öffentlichkeit Gefühle auf diese Weise auszudrükken. So sind auch bei den anderen keine Abschiedsregungen zu erkennen. Dafür drückt Simon mit Worten aus, was er vielleicht nicht zeigen kann: „Wenn du noch nicht gehen möchtest, dann kannst du bleiben, solange du willst."

Ich gestehe, ich wäre gern noch etwas geblieben, aber ich habe in Tamatave eine Verabredung mit Herbert. Er wird sich gewiß schon Sorgen machen, weil ich nicht nach Ste. Marie gekommen bin.

Von Ivongo kann ich es noch an diesem Tag mit einem Taxi-Brousse bis Foulpoint schaffen, wo ich in einer ruhigen, einfachen Bungalowanlage direkt am Strand übernachte.

Früher war dieser Ort die Hauptniederlassung der Franzosen an der Ostküste gewesen. Die alten Kolonialisten sind zwar abgezogen, doch ihr Lebensstil wird von reichen Madagassen oder europäischen Ansässigen weitergeführt. Die suchen an den Wochenenden ihre schönen, geräumigen Ferienhäuser auf, die auf der einen Seite des Ortes stehen.

Die andere Seite besteht aus engen, stickigen Bretterhütten mit rostigen Wellblechdächern, in denen die Menschen auf kleinstem Raum zusammenleben.

Da ein Korallenriff vor Haien schützt, ist Foulpoint bei Europäern ein beliebter Badeort, und viele der Einheimischen betrachten die Fremden als eine willkommene Verdienstquelle. Sie verkaufen nicht nur unterschiedliche Muschel- und Korallenfunde, auch in den Wäldern gefangene Tiere, wie Vögel, Echsen und Chamäleons, werden feilgehalten. Ein etwa fünfzehnjähriges Mädchen klopft an meine Tür und hält mir einen Drahtkorb vors Gesicht. Darin drängen sich drei Mausmakis, die kleinsten Lemuren Madagaskars. Jedes der Tiere ist kleiner als meine Hand. Sie zittern am ganzen Körper, und ihre übergroßen Augen schauen ängstlich und unglücklich aus dem Gefängnis heraus. Ich will nach dem Korb greifen, um die Tiere freizulassen, doch das Mädchen muß meine Absicht instinktiv gespürt haben, denn sie zieht ihre Beute rasch zurück.

„Wenn Sie mir Geld geben", sagt sie, „können Sie die Mausmakis fotografieren. Andere Touristen tun das auch. Im Dschungel sind die nicht so leicht zu sehen."

Soll ich dem Mädchen Geld anbieten und die Tiere freikaufen? Aber wittert sie dann nicht eine noch einträglichere Einnahmequelle? Ich versuche mit ihr zu reden, versuche an ihr Mitgefühl zu appellieren, damit sie freiwillig den Tieren die Freiheit gibt. Doch sie sieht mich nur schmollend an. Wie soll sie Mitgefühl mit Tieren haben, wenn sie und ihre Familie täglich ums Überleben kämpfen müssen? Beleidigt zieht das Mädchen mit dem Drahtkorb und dem jämmerlich quiekenden Inhalt ab. Die riesigen, flehenden Augen der Mausmakis werde ich lange nicht vergessen.

Auf unruhiger See nach Norden und die häßlichen Wunden Madagaskars

Wie vereinbart treffe ich Herbert in Tamatave im Hotel.

„Wie war es auf Ste. Marie?" ist meine erste Frage.

„Es muß eine wirklich schöne Insel sein, aber viel davon gesehen habe ich nicht. Es hat fast die ganze Woche geregnet."

Armer Herbert! Dabei wollte er so gerne die Sonne genießen.

Wir beschließen, zusammen in den Norden Madagaskars zu fahren, und erkundigen uns bei Auximad, einer großen Schifffahrtsagentur, nach einer günstigen Verbindung.

Von einer elegant gekleideten Madegassin, die uns mit Deutschkenntnissen überrascht, erfahren wir, daß ein Frachtschiff im Hafen liegt, das in etwa einer Stunde nach Diego-Suarez (Antseranana) auslaufen wird. Wir überlegen kurz, dann sagen wir zu.

Da Taxis meist dann nicht zu finden sind, wenn man sie am dringendsten benötigt, winken wir ein Pousse-Pousse heran. Das Pousse-Pousse ist ein rikschaähnliches Gefährt, das traditionelle Stadtverkehrsmittel in Madagaskar, und wird von einem Mann mit seiner eigenen Körperkraft gezogen. Dieses Transportmittel, das gewiß von Malaien oder Chinesen eingeführt wurde, bringt Europäer immer wieder in Verlegenheit. Viele haben Hemmungen, sich wie einst die Kolonialisten befördern zu lassen, und glauben, die wagenziehenden Männer wie Kulis auszunützen. Doch das Pousse-Pousse-Fahren ist ein wichtiger Berufszweig in vielen madagassischen Städten. Es bedeutet das tägliche Brot, das heißt die tägliche Reisportion für eine Familie. Wenn ich ein Pousse-Pousse aus Scham oder schlechtem Gewissen nicht benütze, hilft das dem Mann in keiner Weise, im Gegenteil.

Das Pousse-Pousse wird von den bessergestellten Madagassen mit Vorliebe benutzt, um ihre Kinder in die Schule zu bringen und von dort wieder abzuholen. Oder sie lassen sich spazierenfahren. Mit dem Pousse-Pousse werden auch Manioksäcke, Körbe mit Tomaten, Bierkästen oder mitunter eine Ziege transportiert. Noch sind die Pousse-Pousse-Männer mit ihren bunten, zweirädrigen Wägelchen, die das Bild in den Städten beleben, nicht wegzudenken.

Im Hotel packen wir mit fliegenden Händen unsere Sachen zusammen, drücken dem aufgeschreckten Mann am Empfang, der sich hinter einer großen Zeitung ein kleines Schläfchen gegönnt

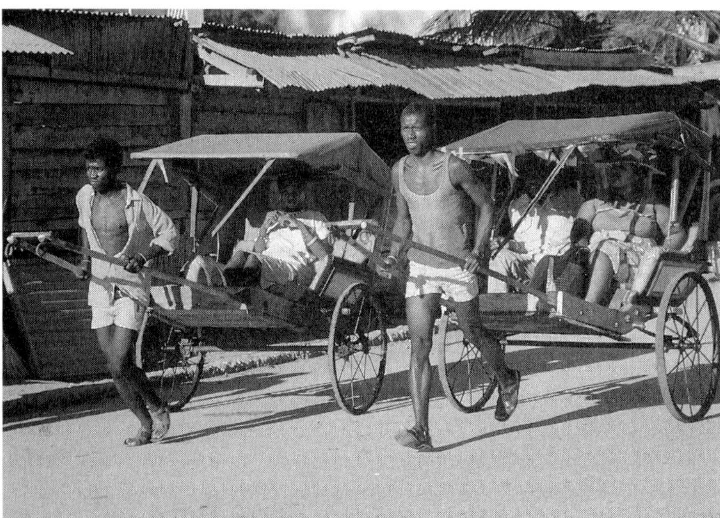

Pousse-Pousse, das herkömmliche Stadt-Transportmittel

hat, das Geld für die Übernachtung in die Hand und verteilen die beiden Rucksäcke und uns selbst auf zwei Pousse-Pousse, die vor dem Hoteleingang auf Kundschaft warten. Unterwegs kaufen wir noch Brot und Obst bei Straßenhändlern ein. An der Hafeneinfahrt erfahren wir dann, daß es keinem Pousse-Pousse erlaubt ist, in das Hafengelände hineinzufahren. Nur Autos dürfen passieren. Etwas genervt laden wir unser Gepäck ab. Dabei zerreißt eine Papiertüte, und unsere Mangos fallen zu Boden, kugeln bis vor die Räder eines Kombiwagens, der quietschend abbremst. Während Herbert den Mann am Steuer aufhält, erkläre ich dem Zollbeamten unser Zeitproblem und zeige ihm unsere Passagierpapiere. Der junge Mann in Uniform schaut auf seiner Liste nach und findet tatsächlich unsere Namen darauf, die ihm wohl die Sachbearbeiterin der Agentur telefonisch mitgeteilt hat. Der Beamte verzichtet auf eine Gepäckkontrolle, tritt höflich an das Fenster des Kombiwagens und erlaubt dem Fahrer – besser gesagt: er gibt dem Mann den Auftrag –, uns mitzunehmen. Dann wünscht er uns gute Reise und winkt uns nach.

In dem großen Hafen liegen viele Frachtschiffe. Sie bringen Industriegüter aus China, Rußland und Europa auf die Insel. Aber auch Reis wird auf dem Wasserweg nach Madagaskar transportiert, denn das Land kann wegen der anwachsenden Bevölkerung nicht mehr genug produzieren.

Reis ist das Hauptnahrungsmittel der Madagassen. Und nur wenige sind gewillt, dem Aufruf ihres Präsidenten Ratsiraka zu folgen, sich auf andere Grundnahrungsmittel umzustellen. Die leeren Bäuche der Schiffe werden dann mit madegassischen Exportgütern wie Kakao, Kaffee, Tee, Kopra, Tabak, Vanille, Gewürznelken und Pfeffer aufgefüllt.

Der Mann, der uns eher unfreiwillig in das Hafengelände mitgenommen hat, setzt uns direkt an dem gewünschten Kai ab. Wir vergessen beinahe, uns zu bedanken, als wir den uralten, verrosteten Kahn vor uns sehen, der wie ein Zwerg zwischen den anderen großen, stattlichen Schiffen wirkt. Die schmale Holzlatte, über die wir an Deck balancieren, flattert gewaltig unter unseren Füßen.

„Sie haben sich nicht gerade das bequemste Schiff ausgewählt", begrüßt uns der Kapitän. „Ich bedaure, Ihnen keine Kabine anbieten zu können. Aber Sie können sich sonst jede Ecke aussuchen, die Ihnen gefällt."

Am windgeschütztesten wäre es natürlich im Schiffsrumpf, aber der einzige noch freie Raum ist der vor den Toiletten- und Waschanlagen. Nun, das muß nicht sein. So hoffen wir, daß uns der Wettergott wohlgesonnen sein wird, und richten uns auf der schmalen Passage, die entlang dem Schiffsgeländer führt, häuslich ein. Wir rollen Alumatte und Schlafsack aus – unser Heim für die nächsten drei Tage und vier Nächte.

An harte Schlafstätten und Unbequemlichkeit auf Reisen bin ich gewohnt, aber nun schlingern wir über die unruhige See, und mir wird speiübel. Es macht mir deshalb auch gar nichts aus, daß wir vom Koch etwas vernachlässigt werden. Keiner der Männer der Bordbesatzung ist unfreundlich, doch suchen sie auch keinen Kontakt zu uns. Wir sind Eindringlinge in ihrem kleinen Reich, und das bekommen wir zu spüren. Auch der Kapitän hält Distanz.

Zu den Essenszeiten wird erst die ganze Mannschaft vom Koch versorgt, bevor wir den mageren Rest aus der Küche bekommen. Unser bescheidenes Mahl nehmen wir auf den dreckigen Bodenbrettern sitzend ein. Doch bei diesem Wellengang rutscht mir ständig der Teller vom Knie, oder der Wind bläst die Reiskörner ins grollende Meer. Opfergaben für den Meeresgott? Zürnt er, weil wir nicht gleich an ihn gedacht haben? Ich versuche gar nicht erst, eine Hand schützend über den Teller zu halten. Sollen sich doch die erbosten Mächte holen, was ihnen schmeckt. Mein Appetit ist sowieso äußerst begrenzt.

Am letzten Tag stürmen von allen Seiten riesige Wellen heran, die sich mächtig aufeinandertürmen, und vorgelagerte Inselgruppen irritieren den Verlauf der Wellen. Dazu heult und pfeift der Wind. Ein Ächzen und Stöhnen läuft durch den Rumpf des Schiffes. Nachts wird es dann wahrlich ungemütlich. Als die Wellen über das Deck zu rollen beginnen, ergreifen wir die Flucht und ziehen uns mit klitschnassen Schlafsäcken doch in den Raum vor den stinkenden Toiletten zurück.

Der „Zuckerhut" bei Diego Suarez

Mir fällt ein Stein vom Herzen, als nach Mitternacht das rote Licht in der Einfahrt der natürlichen Hafenbucht von Diego-Suarez vor uns erscheint. Mit sehr weichen Knien betreten wir zu früher Morgenstunde wieder festen Boden.

Von der nördlichsten Stadt Madagaskars sehen wir erst einmal nicht viel. Der Wind bläst so heftig und wirbelt Staubwolken auf, daß wir die Augen zu schmalen Schlitzen zusammenkneifen müssen. Es ist derart stürmisch, daß ich mich kaum aufrecht halten kann. Es kostet einige Kraft, mich der heftigen Naturgewalt entgegenzustellen. Auch die hohen Palmenstämme werden kräftig gebogen. Über dem Zimmer, das wir in einem kleinen Hotel einer chinesischen Familie beziehen, klirrt und dröhnt das Wellblechdach, wenn die Windböen dagegenprallen.

Am nächsten Tag hat sich der Sturm gelegt, und wir schauen uns die Stadt an. Diego-Suarez liegt in einer malerischen Bucht, die von roten laterithaltigen, spärlich bewachsenen Hügeln gesäumt ist. Nicht weit außerhalb der Stadt bietet sich uns ein herrlicher Blick auf den *Pain de Sucre*, den Zuckerhut, eine winzige, kreisrunde Insel, die vom azurblauen Meer umspült wird.

Die Straßen von Diego sind breit und die Plätze geräumig, Autoverkehr gibt es kaum. Viele Häuser sind von früheren Unwettern schwer gezeichnet. Die teils schwarz gefärbten, vernachlässigt wirkenden Hausfassaden sind das Resultat von Hochwasser und Zyklonen. Die Kleidung der Menschen ist bunt gemischt wie auch die Bevölkerung, die ihren Ursprung in Malaysia, Indonesien, China, Indien und auch in Afrika hat.

Diego-Suarez ist für uns nur ein Durchgangsort. Wir wollen weiter nach Andapa. Dazu müssen wir erst einmal mit dem Taxi-Brousse nach Sambava an der Ostküste reisen.

Es dauert allerdings seine Zeit, bis wir endgültig die Stadt verlassen. Stundenlang kutschiert der Chauffeur durch die Straßen, um weitere Fahrgäste zu finden, denn abgefahren wird erst, wenn der alte Mercedes-Bus bis auf den allerletzten Platz belegt ist. Es ist die reinste Geduldsprobe. Dabei haben Säcke, Kisten, Kanister, Koffer, Körbe und Matten auf der Dachgalerie jetzt schon eine beträchtliche Höhe erreicht. Zuoberst werden noch Hühner und Enten festgebunden.

Die armen Tiere! Sie müssen zwanzig oder gar dreißig Stunden da oben ausharren.

Zwischendurch fahren wir zu einer Autowerkstatt. Der Reifendruck wird überprüft, das nichtvorhandene Profil der Reifen stört jedoch niemanden. Auch nicht die Polizisten, die uns einige Stunden später auf der Ausfahrtstraße kontrollieren. Sie zählen nur die Passagiere und schauen die Wagenpapiere durch. Der fragwürdige Zustand des Fahrzeuges und das bedenkliche Gewicht auf dem Dach interessiert sie nicht.

Nicht weit außerhalb von Diego fahren wir an einigen Dörfern vorbei, die auf mich einen deprimierenden Eindruck machen. Die Häuser sind aus flachgeklopften, verrosteten Blechfässern zusammengebaut, nicht gerade eine Zierde in der Landschaft. Solche slumähnlichen Unterkünfte habe ich auch in der Umgebung von Tana und Tamatave gesehen. Wie einladend und sauber dagegen sind die traditionellen Dörfer abseits der großen Städte, deren Hütten aus Holz, Bambus und Palmenblättern errichtet sind.

Unterwegs steigen immer noch weitere Passagiere zu. Sogar der Fahrer rückt ein wenig zur Seite, so daß noch eine Person zwischen Bustür und Lenkrad Platz findet. Und dann wird noch das geräumige Fach aufgeklappt, in dem sich Werkzeug und sinnigerweise ein Telefonhörer mit einem abgeschnittenen Kabel befindet. Das Fach wird ausgeräumt und der Inhalt unter den Vordersitzen verstaut. Jetzt hat das Hinterteil einer Frau darin Platz. Ihre Füße muß sie auf den Schoß des ihr gegenübersitzenden Fahrgastes legen. Wie viele Leute in einem Buschtaxi Platz finden, ist also in erster Linie eine Sache des Arrangierens. Und darin sind Madagassen erfahrene Experten.

Ich wundere mich wieder einmal, warum sich die Einheimischen über eine derartige Behandlung nicht beschweren. Doch dann überlege ich mir, daß Dinge, die uns unbequem erscheinen, für die Madagassen Luxus sein müssen. Es ist noch gar nicht so lange her, da mußten die Leute weite Strecken zu Fuß zurückzulegen. Nur Reiche und Europäer konnten es sich leisten, sich in Tragestühlen befördern zu lassen. Und da die Bevölkerung von Madagaskar auch jetzt noch nicht durch Komfort verwöhnt ist, betrachten die Leute es als einen gewaltigen Fortschritt, überhaupt einen fahrbaren Untersatz benützen zu können.

Wie lange eine Buschtaxi-Fahrt dauert, hängt nicht nur vom Straßen- und Wagenzustand ab, sondern auch von den Geschäften, die der Fahrer unterwegs tätigt. Er ist nicht nur Wagenlenker, sondern auch Postbote, persönlicher Nachrichtenüberbringer und Händler. Es gibt immer irgendwo etwas billig einzukaufen, das an anderen Orten dann wieder teurer abgesetzt werden kann. Das können Mangos, Zuckerrohr, Fleisch oder Flechtarbeiten sein.

Da wir erst kurz vor der Dämmerung Diego verlassen haben, können wir heute von der Landschaft leider kaum etwas sehen. Den kleinen Ort Ambilobe, wo sich die Straße in südlicher und östlicher Richtung gabelt und wo wir eine Essenspause machen werden, erreichen wir erst spät nachts. Wir haben großen Hunger.

Glücklicherweise sind einige Hotelys, die kleinen madagassischen Restaurants, die vorwiegend auf Märkten oder Taxi-Brousse-Stationen zu finden sind, noch geöffnet.

In dem Hotely, das für uns vorgesehen ist, gibt es drei längliche Tische, an denen die Kunden aus dem Taxi-Brousse überfallartig dicht nebeneinander gedrängt Platz nehmen. An Essen wird uns nicht viel zur Auswahl angeboten: ein Teller Reis, dazu entweder Fleisch oder Fisch, eine dünne Kokosnußsauce und *bredes*, ein spinatartiges Gemüse. Zum Trinken gibt es Reiswasser. Das Fleisch oder der Fisch wurde vor der Zubereitung offensichtlich mit dem Beil samt Knochen und Gräten kleingeschlagen. Es gibt also viel abzunagen, und die Knöchlein werden dann in Reih und Glied auf den Tisch gelegt.

Ob die Madagassen etwas von dem, was sie essen, auch schmecken? Ich bezweifle das stark, denn sie streuen löffelweise Chili über den Reis. Wir können davon nur eine Messerspitze nehmen, wenn wir uns nicht Mund und Magen verbrennen wollen. Was mich ebenfalls immer wieder in Erstaunen versetzt, ist die Schnelligkeit, mit der Madagassen die riesigen Portionen essen, als hätten sie Angst, daß ihnen jemand das Essen wegnehmen könnte.

Neben mir sitzt eine Frau mit zwei langen, dicken Zöpfen. Seit Diego hält sie eine Thermoskanne in den Armen, die sie auch mit auf die Toilette genommen hat. Und jetzt, während sie ißt, liegt das gute Stück sicher in ihrem Schoß. Als sie meinen verwunderten Blick wahrnimmt, lächelt sie mich schüchtern an. Ich glaube aber auch einen Funken von Besitzerstolz in ihrer Miene über den wohl neu erstandenen, kostbaren Gegenstand zu erkennen.

Als wir uns wieder auf die Sitze quetschen, bemerken wir, daß sich der Chauffeur inzwischen mit einem grünen Blätterbüschel versorgt hat. Es sieht aus wie Ziegenfutter, und ich bin doch sehr überrascht, als der Mann die Blätter abzupft, in den Mund steckt und genußvoll darauf herumkaut.

„Ich glaube, das ist Khat", murmelt Herbert schläfrig neben mir. Ich habe von diesem Stimulierungsmittel gelesen, das die Nerven beruhigt und gleichzeitig wach hält. Die Anforderungen an einen

Reizvolle Hügellandschaft, doch die Hänge sind entwaldet

Fahrer auf dieser schlechten Piste sind aber auch gewaltig. Oft kommen wir nur im Schrittempo vorwärts, und ich bewundere den Chauffeur, wie er mit sehr viel Fingerspitzengefühl tiefe Rinnen, kraterähnliche Löcher und steiniges Gelände überwindet. Das Aufundabschaukeln des Wagens wiegt mich bald in tiefen Schlaf.

Als mich das erste Morgengrauen weckt, fahren wir durch eine früher wohl reizvolle Hügellandschaft, deren Hänge nun entwaldet und weite Talflächen total verkohlt sind. Ich sehe große Rinderpferche und vermute, daß hier Viehzucht in umfangreichem Maße betrieben wird. Um in der Regenzeit, die gerade bevorsteht, frisches Grün sprießen zu lassen, wird Brandrodung angewendet. Daß dabei Wälder und Land kaputtgehen, stört die Viehhalter scheinbar nicht.

Die Natur antwortet auf die ihr zugefügten Wunden mit gewaltigen Erosionsschäden. An den Hängen bricht die ausgetrocknete Erde auf und rutscht hinab ins Tal. Während der Regenzeit stürzen die Wassermassen ungehindert bergab und zerstören die

Fahrwege. Überschwemmungen und weggerissene Brücken schneiden die Bevölkerung von der Außenwelt ab. Selbst tonnenschwere Betonbrücken, die mit europäischen Geldern gebaut wurden, halten dieser wilden, unbezähmbaren Naturkraft nicht stand. Jedes Jahr werden neue Behelfsbrücken errichtet, die dann von den nächsten Regenstürmen wieder unbenutzbar gemacht werden. Angeblich liegt Madagaskar mit seinen rasant fortschreitenden Erosionsschäden weltweit an oberster Spitze.

Von der unentwegten Schüttelei wird einigen Mädchen und Frauen schlecht. Offensichtlich steckt die Übelkeit an. Kaum beginnt eine von ihnen in ein bereitgehaltenes Tuch zu spucken, fängt auch schon die nächste an. Um den leeren Magen wieder zu füllen, essen sie gleich darauf harte Eier, Brot oder Obst. Der Magen revoltiert natürlich, und die Spuckerei geht von neuem los. An einem Fluß hält der Fahrer an und läßt den Damen Zeit, ihre Spucktücher und die beschmutzten Kleider auszuwaschen.

Von Sambava windet sich eine gute, aber kurvenreiche Straße nach Andapa. Die landschaftlich reizvolle Strecke erinnert uns an Regionen in den Alpen. Die steilen Hänge sind noch dicht mit Bäumen bedeckt, und dahinter ragen die Gipfel majestätischer Berge in die Höhe. Hier werden wir für die traurigen Anblicke, die sich uns zuvor geboten haben, entschädigt.

Der Ort Andapa liegt in einem breiten, fruchtbaren Tal. Hier leidet gewiß niemand Hunger. Die Setzlinge in den Reisfeldern sprießen in zartem Grün, und viele Obstbäume tragen reichlich Früchte. Rundum ziehen sich herrliche, tropische Wälder hin. Die Menschen, denen wir begegnen, sehen uns verwundert an. Fremde kommen nur selten hierher. Unverhohlen zeigen die Bewohner ihre Neugierde.

Als wir Umstehende nach einem Hotel fragen, werden wir von einem untersetzten, freundlichen Chinesen angesprochen. Er stellt sich als Monsieur Cheong vor und bietet uns eine Unterkunft an. Neben seinem gemauerten Haus befindet sich noch eine runde Hütte aus geflochtenem Bambus, die wir für die Dauer unseres Aufenthaltes bewohnen dürfen. Der gestampfte Erdboden ist sauber gekehrt. Durch Tür und Fenster wie auch durch das Strohdach dringt eine sanfte, kühle Brise herein. So bleibt selbst um die heiße Mittagszeit die Temperatur innerhalb des Raumes angenehm.

Geckos mit zarter, fast durchsichtiger Haut und großen Augen, die nach allen Seiten gleichzeitig schauen, haften mit gespreizten Zehen an den Bambuswänden und sorgen dafür, daß die Insekten nicht überhandnehmen. Mit einer Schnelligkeit, die man ihnen nicht zutraut, schnappen sie nach Mücken, Fliegen und kleinen Spinnen.

Das zweisilbige, schnalzende Rufen der kleinen, abgeplatteten Echsen ertönt wie aus einer anderen, geheimnisvollen Welt. Vielleicht entsteht dieses Gefühl auch durch den Chinesen, der eine eigenartige Wirkung auf mich ausübt. Mich durchfährt jedesmal ein seltsamer Schauer, wenn ich in seine Augen sehe. Mir ist, als wollten sie mich mitnehmen in eine unbekannte Ferne.

Den nächsten Tag verbringen wir in der Umgebung von Andapa. Wir klettern in die Felsenregion eines nahen Berges und durchstreifen dichten, feuchten Urwald, wo wir uns an dornenbespickten Palmen die Haut aufreißen. Ein ganz schönes Stück von Andapa entfernt erreichen wir erst wieder das Tal, wo uns ein leeres Taxi-Brousse überholt. Der junge Chinese am Steuer fragt, ob wir nicht mitfahren wollen. Was für ein Glück!

Altersschwach klappert und hustet das Fahrzeug auf der gartenwegähnlichen Fahrspur über Stock und Stein. Richtig aufregend wird es aber erst, wenn wir mit dem rostigen Gefährt morsche Holzbrücken überwinden müssen, die unter den Rädern zu bersten drohen. Es gehört schon ausgezeichnetes Augenmaß dazu, die Räder auf den schmalen Holzlatten zu halten.

Die Dämmerung hat uns bereits eingehüllt, aber noch immer fahren wir ohne Licht. Erst als plötzlich die Konturen eines mächtigen Ochsen vor uns auftauchen, fingert der Chauffeur an einigen Drähten herum, die sich unter dem Lenkrad zu einem unübersehbaren Gewirr verknotet haben. Und siehe da – die Scheinwerfer funktionieren! Sie leuchten zwar nur schwach, aber immerhin können wir die heimkehrenden Viehherden nun besser erkennen. Der Fahrer zeigt jedesmal eine Engelsgeduld, bis die Hirten endlich die erschrockenen Zebus ins seitliche Gebüsch getrieben haben, damit wir vorbeifahren können.

Der Chinese entschuldigt sich für den schlechten Zustand des Wagens. Aber gute Autos seien nur schwer zu bekommen und außerdem so teuer, daß nur ganz reiche Leute sie bezahlen können. Er jammert über den hohen Preis, den er allein schon für diese Klappermühle hat bezahlen müssen.

In Andapa erfahren wir, daß heute am Sonntag alle Restaurants geschlossen sind. Auch das Feuer in Monsieur Cheongs Küche ist bereits kalt. Doch hungern müssen wir trotzdem nicht. Kheng, die Tochter des Hauses, bringt uns kalten Reis und Huhn, und als Nachspeise bekommen wir noch köstlichen Joghurt.

Bei einem Glas Bier erzählen wir Herrn Cheong unseren Plan, eine mehrtägige Wanderung zu unternehmen, und fragen ihn, ob er uns nicht eine Route empfehlen könne. Der Chinese weiß von einem Weg, der von Andapa bis zur Ostküste führt. Uns gefällt dieser Vorschlag, aber wir brauchen jemanden, der uns als Führer begleitet und unser Gepäck tragen hilft. Auch da weiß unser Gastgeber Rat. Er verläßt das Haus und kehrt kurze Zeit später mit einem jungen, schlaksigen Mann zurück.

„Das ist Kiso, er wird Sie begleiten."

Verschmitzt lachen uns Kisos dunkle Augen unter einem zerfransten Strohhut zu. Wir verabreden uns für den nächsten Morgen.

Nachts wache ich plötzlich mit dem Gefühl auf, daß jemand an meinem Bett steht. Als ich die Augen öffne, erkenne ich Monsieur Cheong vor mir. Ich schreie auf. Herbert tastet erschreckt nach der Taschenlampe und knipst sie an. Keine Spur von dem Chinesen.

„Ich habe Monsieur Cheong gesehen! Er stand direkt hier vor dem Bett!" erkläre ich aufgeregt.

Herbert nimmt mich in den Arm. „Du hast bestimmt geträumt", meint er.

Andapa

„Du hast wohl recht", murmle ich müde, „es war wohl nur ein Traum."

Herbert merkt, daß mir trotzdem nicht ganz wohl in der Haut ist, und zündet den Docht der Petroleumlampe an. Beim Einschlafen muß ich an die Einheimischen denken, die aus Furcht vor ruhelosen Seelen während der ganzen Nacht oft die Lampe brennen lassen. Ich habe sie deswegen immer ein wenig belächelt, doch jetzt bin ich heilfroh über das flackernde Licht, das den Raum erhellt, und hoffe, daß es unerwünschte Besucher fernhält. Als Herbert mich am nächsten Morgen weckt, fühle ich mich wie gerädert.

Kiso wartet bereits in der Küche. Der rundliche Chinese, dessen Augen mir rätselhafter als je erscheinen, überreicht uns zum Abschied ein Empfehlungsschreiben an einen Verwandten, der uns am Ende der ersten Tagesetappe beherbergen wird. Sosehr ich die Gastfreundschaft und Hilfsbereitschaft von Monsieur Cheong geschätzt habe, so froh bin ich doch, als wir seinem Haus den Rükken kehren.

Wo Vanille und Pfeffer wachsen und die Waldgeister leben

Der Weg führt uns anfangs durch kultiviertes Land mit Reis- und Maniokfeldern. In den kleinen Dörfern, in denen Bambus- und Holzhütten auf Pfählen errichtet stehen, sorgt unser Auftauchen für großes Aufsehen. Dorfhunde künden unsere Ankunft schon im voraus an, und wütend kläffend kommen sie uns entgegen. Aber sobald wir uns ihnen nähern, werden sie still und ziehen sich ängstlich zurück. In den meisten Ansiedlungen halten wir uns nur kurz auf. Kiso wechselt mit den Dorfleuten ein paar Worte, dann drängt er schon zum Weitergehen. Wir verstehen nichts von dem, was er über uns erzählt, aber die Bewohner lächeln uns an.

Haben wir nun ihr Einverständnis für den weiteren Weg? Eines ist gewiß, an diesen abgeschiedenen Orten werden wir noch lange Tagesgespräch bleiben.

Abends erreichen wir das Dorf, in dem sich der Stoffladen von Monsieur Chan befindet. An ihn ist der Brief von Herrn Cheong gerichtet. Verwundert öffnet er das Schreiben, und seine schmalen Lippen formen sich zu einem überraschten Lächeln.

„Es ist sehr ungewöhnlich, daß Europäer hier vorbeikommen", meint er. „Es ist auch seltsam, daß Sie einen so langen Fußmarsch unternehmen, obwohl Europäer doch sonst bequemere Reisearten vorziehen. – Sie haben sicher Hunger. Kommen Sie doch herein, und essen Sie mit uns."

Während Kiso in die Küche verwiesen wird, wo er mit dem Koch und zwei anderen Angestellten des Hauses essen darf, werden Herbert und ich an einen vornehm gedeckten Tisch in der guten Stube gebeten. Dort hat sich schon die Familie um einen schweren Tisch aus Palisander niedergelassen. Offenbar sollen die gesellschaftlichen Schranken gewahrt bleiben.

„Morgen haben Sie einen weiten Weg vor sich", sagt Monsieur Chan nach dem reichhaltigen Essen zu uns. „Sie müssen früh aufbrechen." Dann holt er aus einer Schublade ein Blatt Papier und einen Kugelschreiber, setzt sich an seinen Ladentisch und schreibt ein paar Zeilen an einen anderen Verwandten, den wir als nächstes aufsuchen sollen.

Der Weg wird schmaler, und der Abstand zwischen den einzelnen Orten vergrößert sich. Ackerland wird seltener, die Vegetation dichter. Unterwegs treffen wir eine kleine Gruppe von jungen Leuten, die den gleichen Weg hat wie wir und sich uns anschließt. Sie tragen schwere Lasten, die beiden Mädchen auf dem Kopf, die drei jungen Männer auf einer geschulterten Bambusstange. Sie scheinen sich über unsere Gesellschaft zu freuen und schwätzen munter drauflos, damit ja keine beängstigende Stille entsteht. Für Madagassen scheint es unerträglich zu sein, sich auf langen Wegstrecken mit niemandem unterhalten zu können. Auch Kiso ist gewiß sehr froh um diese Begleitung, denn Herbert und ich erleben die Großartigkeit der Natur lieber schweigend.

Plötzlich deutet eine der jungen Frauen ins seitliche hohe Gras. Eine riesige, dicke Boa ruht dort zusammengerollt in Siesta-Stellung. Herbert, der eine Schwäche für Schlangen hat, ist begeistert von ihrer schönen Zeichnung und nimmt sie hoch. Mit skeptischen Blicken weichen die Madagassen ein paar Schritte zurück, obwohl diese Schlange Menschen kaum gefährlich werden kann.

„Sie hat eine unglaublich weiche Haut. Fühl doch mal." Herbert hält mir die Riesenschlange unter die Nase.

„Laß sie doch in Ruhe! Sie hat sicher Angst", reagiere ich ärgerlich. Die Schlange beginnt sich nun um Herberts Arm zu wickeln. Mir würde das angst machen, doch er findet das interessant. Erst als die Schlange durch ein warnendes Zischen ihren Unwillen kundtut, läßt Herbert sie zurück ins Gras gleiten. Rasch flüchtet das Reptil ins Unterholz.

Mitten in einem malerischen Dorf, umgeben von Mangobäumen, Papaya- und Bananenstauden, läßt Kiso sich nieder. Er will hier Mittagsrast machen. Natürlich sind wir sofort von sämtlichen Dorfbewohnern umringt. In ihrem Blick ist kein Mißtrauen den Fremden gegenüber zu lesen.

Seit heute morgen habe ich Halsschmerzen, und ich frage in die Runde, ob ich vielleicht irgendwo heißen Tee oder Kaffee bekom-

Herbert hat eine Schwäche für Schlangen

men kann. Meine Frage wird scheinbar überhört, während die Einheimischen in gebrochenem Französisch mit Gegenfragen auf uns einstürmen.

„Woher kommt ihr? – Wohin geht ihr? – Warum geht ihr zu Fuß? – Europäer sind doch reich. Warum nehmt ihr nicht ein Flugzeug? – Habt ihr eine Zigarette für mich? – Gibt es in eurer Heimat auch Mangobäume?" Besonders erholsam ist diese Rast nicht.

Da noch etliche Wegstunden vor uns liegen, wollen wir bald weiter. Ich schnüre gerade den Rucksack zu, als eine hagere Frau auf mich zutritt und mich mit ihrem zahnlosen Mund anlächelt, wobei sie einen dampfenden, feuergeschwärzten Topf vor mich hinstellt. Grüne, mir unbekannte Blätter schwimmen in dem leicht gefärbten Wasser. Dankbar nehme ich den heißen Tee entgegen. Es sind die kleinen Gesten, die mich den Menschen näherbringen.

Es geht weiter hügelauf und hügelab. Wir müssen viele Flüsse durchwaten. Beim erstenmal kremple ich noch die Hosenbeine hoch, ziehe Socken und Schuhe aus, die ich auf der anderen Uferseite wieder anziehe. Nach der dritten Flußdurchquerung lasse ich das bleiben.

Unsere Trinkwasservorräte schwinden schnell. Kiso hat keine eigene Wasserflasche, und so teilen wir natürlich unser Wasser mit ihm. Doch Einteilen ist nicht gerade seine Stärke. Da wir nur selten an guten Quellen vorbeikommen, trinken wir sparsam aus unseren Flaschen. Ganz anders Kiso. Er geht recht verschwenderisch mit dem kostbaren Naß um und bietet auch den jungen Leuten, die uns noch immer begleiten, von dem Wasser an. Das finde ich zwar sehr aufmerksam von ihm, doch seine Freundlichkeit führt dazu, daß im Nu die beiden Wasserflaschen leer sind.

In solchen Situationen scheiden sich dann die Geister. Ich ärgere mich, weil ich mich dabei ertappe, wie egoistisch ich doch bin, wenn es an die eigene Substanz geht. Da nützt es auch nichts, daß ich mir sage, die Leute könnten doch selbst vorausdenken und Wasser mitnehmen. Denn gerade da zeigt sich ja eine Mentalität, die mir recht beneidenswert erscheint, nämlich die beachtliche Fähigkeit, Durst genauso selbstverständlich anzunehmen wie ein unerwartetes Wasserangebot.

Wir dagegen empfinden den Durst nun fast als unerträglich. Die Temperatur von annähernd vierzig Grad Celsius und der starke Wasserverlust durch das Schwitzen trocknen uns aus. Unsere Nieren reagieren mit orangefarbenem, stechendem Urin. Trotzdem können wir uns nicht entschließen, Flußwasser zu trinken. Die Gewässer in Madagaskar sollen stark bilharzioseverseucht sein. Außerdem waschen die Einheimischen nicht nur ihre Wäsche und sich selbst in den Flüssen, das Wasser ist auch durch Ausscheidungen von Mensch und Tier verunreinigt.

Ich hatte zum Desinfizieren von Wasser zwar ein Fläschchen Micropur mitgenommen, doch der Verschluß ging auf, und der gesamte Inhalt ist ausgeflossen. Wieder wurde mir bewußt, wie selbstverständlich mir zu Hause das Aufdrehen des Wasserhahns geworden ist, etwas, das hier noch in ferner Zukunft liegt.

Auf einem baumlosen Berggrat, den die Sonne erbarmungslos attackiert, scheinen die glühenden Strahlen meine Gedanken und Empfindungen vollends auszutrocknen. Mechanisch folge ich Kiso. Er führt uns auf einem Pfad hinab in ein bewaldetes Seitental. Die Sonne verliert ihre Kraft, und das Atmen fällt uns leichter.

„Wir kommen gleich zu einer Quelle", sagt Kiso.

Leib und Seele frohlocken. Doch erst müssen wir noch Geduld bewahren. Über einem moosbezogenen, smaragdgrünen Stein tröpfelt die „Quelle" in ein kleines, modrig riechendes Becken, aus dem sich ein dünner, dunkler Wasserfaden an unseren Füßen vorbeischlängelt. Gierig benetzen wir mit einigen Tropfen unsere ausgedörrten Lippen, während Kiso und die anderen sich ein handgroßes Blatt von den Zweigen reißen und es geschickt zu einem Trinkbecher formen. Es dauert seine Zeit, bis unsere Wasserflaschen gefüllt sind.

Wieder müssen wir durch einen Fluß. An der tiefsten Stelle reicht er mir bis zum Bauch, und wir kommen gerade noch hinüber, ohne schwimmen zu müssen. In ein bis zwei Monaten würde diese Wanderung nicht mehr möglich sein. Dann würde die Regenzeit im vollen Umfang über die Ostküste hereinbrechen und die Flüsse in reißende Ströme verwandeln. Niemand, der dann zu Fuß noch ans andere Ufer gelangt. Zwar verlassen die Dorfbewohner das ganze Jahr über ohnehin nur selten ihre gewohnte Umgebung, doch wenn der Regen alle Verbindungswege unpassierbar macht, fallen auch die Besuche in die Nachbardörfer aus.

Am anderen Flußufer füllen junge Männer dicke Bambusrohre, die als Wasserbehälter dienen. Dann schultern sie ihre Last und eilen mit flinken Schritten zurück in ihr Dorf. Reisfelder mit leuchtendgrünen Setzlingen liegen neben dunkler Scholle. Männer und Frauen bearbeiten in Hockstellung den Boden mit ihren kurzen Grabstöcken. Sie sehen nur kurz von ihrer Arbeit auf, als wir an ihnen vorbeigehen.

„Salame", ist der freundliche Gruß der Leute, wobei das „e" langgezogen wird.

Als wir uns dem Dorf nähern, rufen uns die jungen Leute, die uns fast den ganzen Tag begleitet haben, ein paar Worte zu.

Durst!

„Sie sagen, daß sie hier zu Hause sind", übersetzt Kiso. Dann gehen sie in verschiedenen Richtungen auf ihre Hütten zu.

Bewundernd sehe ich ihnen nach. Denn während ich meine Müdigkeit nicht mehr verbergen kann, sind die Bewegungen dieser jungen Frauen und Männer, trotz der schweren Bürde, die sie getragen haben, nach wie vor kraftvoll und geschmeidig.

Kiso macht uns mit dem Dorfchef bekannt, und dieser lädt uns zu einem wunderbar duftenden Kaffee ein, der gerade frisch geröstet wurde. Madagassischer Kaffee ist so dick, stark und süß, daß er eher an Sirup erinnert.

Die Hütte des Dorfchefs steht auf einer kleinen Anhöhe, und von hier aus kann ich einen großen Teil des Dorfes überschauen: Dort drüben sitzen zwei Frauen mit geflochtenen, aufgesteckten Haaren und verschränkten Beinen auf einer Matte und sieben Mehl. Dabei wiegen sie ihre Oberkörper sanft und gleichmäßig hin und her. Eine alte Frau, die Brennholz auf dem Kopf balanciert, überquert leichtfüßig wie ein junges Mädchen eine schmale Holzlatte, die über einen Graben führt. Fünf alte Männer, mit bunten, traditionellen Wickeltüchern um die Hüften, sitzen schweigend zusammen. Sie widmen sich voll und ganz dem Genuß des Tabakkauens und betrachten mit ruhigen, humorvollen Augen das gemächliche Dorfgeschehen. Sie haben Zeit. So viel Zeit, wie der Baum, der seine weitverzweigten Äste über sie ausbreitet.

Es gibt immer wieder Touristen und Entwicklungshelfer, die sich daran stoßen, daß die Madagassen „so viel herumsitzen und nichts tun". Tatsache ist, daß diese Lebensart dazu führt, daß wenig produziert, aber auch wenig verbraucht wird. Da die Menschen hier ihr Leben noch nicht auf Leistung und Konsum ausgerichtet haben, ist ihr Energieverbrauch dementsprechend gering. Es gibt keinen Überfluß, doch dieses einfache Leben ist zweifelsohne gut für Herz und Gemüt. Ich denke, in dieser Schlichtheit steckt große Weisheit.

Schon versinkt die Sonne hinter einem Bergrücken.

„Wir müssen uns beeilen", mahnt Kiso. Er ist bereits abmarschbereit und holt mit seinen Schritten weit aus. Auch wir wollen natürlich nicht in der Dunkelheit herumirren, aber Kiso hat nicht nur deshalb Sorge. Die Angst vor den Waldgeistern sitzt ihm im Nacken. Bald werden sie aufwachen und mit allen ihren Schabernack treiben, die noch unterwegs sind. Viele Madagassen fürchten sich vor diesen Wesen. Liegt darin der Grund für ihr unbesonnenes und oft gewaltsames Verhalten dem Wald gegenüber? Atmen sie vielleicht sogar auf, wenn die Bäume abgeholzt werden und der bedrohliche Wald samt den darin wohnenden Geistern verschwindet?

Hoher Bambus biegt sich im Abendwind und ächzt unter seinem eigenen Gewicht. Kiso schielt mißtrauisch ins Unterholz. Bambus gedeiht nur auf feuchtem Grund, und seine langen Rohre sind ein natürliches Wasserreservoir. Werden diese gekappt, spritzt das Wasser wie aus einer voll aufgedrehten Wasserleitung nur so hervor.

Der Weg führt nun steil aufwärts in die Region der Nebelwälder. Moosflechten hängen an den Ästen. Mich fröstelt in der feuchten Luft, die uns nun umhüllt und unsere Kleidung klamm macht.

Die Nacht beginnt sich bereits herabzusenken, als wir unser heutiges Ziel erreichen. Es ist eine große Ansiedlung, die ungeschützt vor Wind und Regen auf einer hochgelegenen Ebene errichtet wurde. Wir gehen durch den langgestreckten Ort und können gerade noch die dunklen Umrisse einiger Bewohner erkennen, die neugierig stehenbleiben, als wir näher kommen.

Auch hier führt uns Kiso in einen Laden, wo wir dem Chinesen Jean den Brief unseres letzten Gastgebers überreichen. Jean ist noch jung, doch seine Augen sind die eines erfahrenen Menschen, der gelernt hat, dem Leben gleichmütig gegenüberzustehen.

Erstaunlich viele Kunden drängen sich plötzlich in dem kleinen, bescheiden bestückten Verkaufsraum. Jean hat alle Hände voll zu tun. Die Leute benötigen Reis, Öl, Zucker, Salz oder Tabak – alles in kleinen Mengen.

Hohe Bambusstangen ächzen unter ihrem eigenen Gewicht

Kiso, Herbert und ich haben inzwischen auf ein paar rostigen Kanistern Platz genommen. Nach dem langen Marsch spüre ich in meinem Körper sämtliche Knochen und Muskeln. Aber es ist ein angenehmes Gefühl. Von allen Seiten werden wir verstohlen beäugt. Fühlen sich die Leute beim Gucken ertappt, weil wir sie offen anschauen und ihnen zulachen, kichern sie verschmitzt.

Jean hat den Laden geschlossen und führt uns nun durch ein kleines Lager in einen anderen Raum, wo im Petroleumlampenschein bereits ein gedeckter Tisch auf uns wartet.

Jeans Frau Jacqueline stammt aus einer Betsimisaraka-Familie. Dieser Name heißt genau übersetzt: „Viele, die sich nicht trennen lassen." Die Betsimisaraka leben vorwiegend an der Ostküste nördlich und südlich von Tamatave. Sie sind ein Volk, das aus einer Vereinigung verschiedener kleiner Volksgruppen entstanden ist. Unter König Ramanao, der als Sohn eines englischen Seeräubers und einer Einheimischen in Madagaskar geboren wurde, haben sich diese Gruppen zusammengeschlossen, um sich besser gegen eroberungssüchtige Völker aus dem Hochland behaupten zu können.

Jacqueline ist noch sehr jung, doch mit großer Aufmerksamkeit betreut sie Ehemann und Gäste. Erst zuletzt nimmt sie sich selbst vom Reis, Fisch und der kräftig gewürzten Sauce.

„In unserem Fluß gibt es viele Fische", erklärt Jean, „und die gibt es jeden Tag. Manchmal essen wir aber auch Schweinefleisch."

„Und Gemüse?" frage ich interessiert.

„Hier gedeiht kein Gemüse. Der Boden ist zu feucht. Die Pflanzen verfaulen, bevor sie reif sind." Unser Gastgeber nimmt einen kräftigen Schluck Bier, als wolle er die Trostlosigkeit seines Wohnortes hinunterspülen.

„Aber warum gehen Sie zu Fuß zur Ostküste?" fragt er uns dann. „Ein Auto wäre doch viel bequemer."

„Ja, bequemer schon", antworte ich, „aber wir wollen Madagaskar und seine Menschen auch abseits der Straßen kennenlernen."

„Sie möchten also das primitive Leben sehen. Warum?" fragt Jean erstaunt. Doch bevor wir noch antworten können, fährt er fort: „Und wenn Sie dann wieder zu Hause sind, werden Sie gewiß erzählen, wie rückständig wir hier noch leben." Seine Worte hören sich zwar provozierend an, doch seine Stimme bleibt sanft wie zuvor.

„Wenn wir auf Bequemlichkeit aus wären, würden wir uns gewiß nicht diese Mühe machen", entgegnet ihm Herbert. „Aber das, was Sie als rückständig bezeichnen, ermöglicht uns menschliche Begegnungen. Das Kennenlernen des gemeinschaftlichen Denkens und die Hilfsbereitschaft, die uns an allen Orten widerfährt, ist für uns eine großartige Erfahrung."

Jean lächelt. Er scheint ein kluger Mann zu sein, der sich selbst nichts vormacht. Er könnte woanders komfortabler leben, aber er hat sich hier mit seinem Krämerladen eine Vorrangstellung im Dorf geschaffen. Damit ist er angesehen, und Ansehen ist auch in Madagaskar nicht leicht zu erringen.

Zu den Annehmlichkeiten, die Jean sich leistet, zählt ein gut bestückter Biervorrat. Er mag Bier, und er macht gar keinen Hehl daraus. Jean weiß auch, daß Bayern, wo Herbert und ich wohnen, für sein Bier weithin bekannt ist.

Als er darüber spricht, glaube ich, in seinen Augen ein Glänzen wahrzunehmen.

Nachts bringe ich kaum ein Auge zu. Ratten huschen über den Holzboden und lärmen im morschen Gebälk.

Kiso weckt uns bereits im Morgengrauen. Als ich total übermüdet vor die Hütte trete, verhüllen feuchte Nebelschwaden die Bergkulisse.

Nach dem Frühstück – es gibt die Reste vom Abendessen – fragen wir Jean, was wir ihm schuldig sind. Doch er winkt ab. Er will sich nichts bezahlen lassen. Wir dagegen wollen den Ort nicht mit dem Gefühl verlassen, nur Nehmer gewesen zu sein. Auch als Ladenbesitzer ist Jean gewiß nicht reich. Ich habe zwar ein paar Kleidungsstücke im Gepäck, die ich gelegentlich verschenke, doch Jean ist nicht die Person, der man ein T-Shirt überreichen kann. Glücklicherweise fällt mir mein dünnes Silberkettchen ein. Jacqueline nimmt es schüchtern entgegen, und Jean legt es ihr lächelnd um den Hals.

Als wir losmarschieren, tauchen die Berge bereits aus dem Nebel auf. Noch ist die Luft angenehm kühl. Feuchte Gräser streifen an unseren Beinen, und tief atmen wir den herben Duft ein, der von manchen Blättern ausströmt. Solange der Pfad dem Flußlauf folgt, kommen wir immer wieder durch ein Dorf. Frauen waschen ihre Wäsche im Fluß, um sie herum planschen vergnügte Kinder. Ein junger Mann treibt eine Zebuherde ans Ufer, und begierig trinken die Rinder das kühle Wasser. Niemand braucht mehr Angst vor Krokodilen zu haben. Auch hier gibt es sie schon lange nicht mehr.

Auf einer strohgedeckten Veranda spielen drei Jungen auf grobgeschnitzten Saiteninstrumenten. Neben ihnen liegt eine junge Frau auf einer Matte. Sie wiegt ihr Baby liebevoll im Arm und begleitet mit heller Stimme die eher monotonen Klänge. Was kümmert diese Leute die ferne Hauptstadt und die Regierung? Solange sie genug zu essen haben und ihnen Zeit bleibt für Unterhaltung, ihre Lieder und die Liebe, sind sie zufrieden in ihrer kleinen Welt.

Gelbe, braune, blaue und lilafarbene Schmetterlinge umtanzen uns. In einigen Schmetterlingsarten glauben die Madagassen die Seelen ihrer Verstorbenen wiederzuerkennen.

Wir müssen ein breites Sumpfgebiet durchqueren. Eine ganze Kolonie weißer Reiher sitzt in den dunkelgrünen Büschen. Der erste Schritt in die schlammige Brühe kostet Überwindung, dann wird uns alles egal, und wir stapfen mit grimmigem Humor mitten durch den tiefen Matsch.

Beim Aufstieg in das Reich des immergrünen Regenwaldes empfängt uns dichtes, eng verstricktes Pflanzengewirr. Auf einer kleinen Anhöhe bietet sich uns ein herrlicher Ausblick. Wie ein grünes Meer erstrecken sich tief unter uns die sanften Wogen der dichtbewachsenen Hügel und Täler.

Wir machen eine kleine Rast und verzehren unsere letzten Vorräte. Jeder bekommt eine Banane, ein Stück Schmelzkäse und seinen Anteil am restlichen Brot. Während mich der Anstieg gewaltig ins Schwitzen brachte, fröstelt es mich hier oben, wo der kühle Wind mich fast umbläst.

Einerseits fühle ich mich schlapp, andererseits beleben mich die vielfältigen Pflanzenarten

Auf unsere Frage hin, wie weit es denn noch sei, deutet Kiso mit seiner Hand vage zu einem Hügel hinüber, der uns recht nahe erscheint.

„Là-bas, – dort drüben liegt das Dorf, wo wir hin wollen." Nach der letzten unerquicklichen Nacht bin ich sehr müde, und ich habe gar nichts dagegen, wenn wir nicht mehr allzu lange gehen müssen.

Wir marschieren weiter auf schlammigen Wegen, über felsiges Gestein, unzählige Steigungen und Abhänge. Auf rutschigen Baumstämmen überqueren wir Schluchten und Bäche. Meine Haare hängen mir in nassen Strähnen ins Gesicht. Wieder frage ich Kiso, wie weit es denn noch sei.

„Là-bas“, ist seine Antwort und dazu diese unklare Handbewegung in Richtung Himmel und Wald zugleich.

Nun, es ist ja auch egal. Ich fühle mich einerseits zwar erschöpft und schlapp, aber andererseits beleben mich die vielfältigen tropischen Pflanzenarten. Besonders beeindruckt bin ich von den Riesenfarnen. Aber solch mächtige Baumgiganten, wie ich sie in indonesischen oder zentralafrikanischen Urwäldern gesehen habe, entdecke ich nicht. Die Bäume hier scheinen viel jünger zu sein.

Die Nebelwälder liegen bereits weit hinter uns, und wieder nähern wir uns einem Dorf.

„Kiso, sind wir nun am Ziel?“

„Non, Madame.“ Ich ahne es schon. Es liegt „là-bas“ – da drüben.

Plötzlich bleibt Kiso stehen. Er setzt sich auf einen Stein und zieht seinen linken Schuh aus. Seine große Zehe blutet fürchterlich. Entsetzt schauen wir auf die Wunde.

„Ich habe mir die Schuhe ausgeliehen“, sagt Kiso. „Ich habe ja keine eigenen. Aber sie sind mir zu klein, und ich fühle mich gar nicht gut darin. Ich laufe sonst immer barfuß – ohne Schuhe ist es viel bequemer.“ Dabei sieht er uns fast beleidigt an.

„Aber warum haben Sie dann Schuhe angezogen, wenn Sie lieber ohne laufen?“ ist unsere neugierige Frage.

„Na ja, wenn Sie Schuhe tragen, muß ich doch auch welche tragen, weil Sie sich sonst für mich schämen müßten.“

Armer Kiso. Herbert säubert seine Wunde und verbindet sie. Jetzt paßt sein Fuß natürlich überhaupt nicht mehr in den Schuh hinein. Am besten wäre es, ihn vorne aufzuschneiden, seine Tage sind sowieso gezählt. Aber Kiso weigert sich – er muß die Schuhe doch wieder zurückgeben. Also binden wir ihm eine aufgeschnittene Plastiktüte um den Verband.

„Das ist gut so“, lacht Kiso erleichtert und humpelt uns voraus.

Der Weg führt nun am Flußufer entlang, wo dichter Bambus uns die Sicht versperrt. Wieder ein argwöhnischer Blick von Kiso ins verdächtige Gebüsch. An niedrigen Sträuchern entdecken wir rote Beeren, die unseren Himbeeren ähnlich sind.

Ein Chamäleon mit kugelrunden Urweltaugen

„Kiso, kann man diese Beeren essen, oder sind sie giftig?"

„Sie sind gut", antwortet unser junger Begleiter und steckt gleich eine in den Mund. Wir finden eher, daß sie nach gar nichts schmecken, doch ihr Saft ist erfrischend.

Kiso deutet auf einen Strauch. Wir können nichts erkennen. Erst als er näher mit seiner Hand herangeht, sehen wir ein türkisfarbenes Chamäleon. Es sitzt versteckt zwischen Ästen und Blättern und schaut uns mit hervorquellenden, kugelrunden Urweltaugen an. Geduldig läßt es sich fotografieren, bevor es mit langsamen Bewegungen weiterklettert.

Ein Mann kommt uns entgegen. Er trägt einen zylinderförmigen Hut mit aufgerollter Krempe, und am Ende seiner geschulterten Stange hängt ein großer Leinensack.

„Salame!" begrüßen wir uns gegenseitig.

Kiso spricht mit ihm in Malagasy, wobei der Einheimische immer wieder neugierig zu uns herüberschaut.

„Sie haben nur noch einen Kilometer und siebenhundertfünfzig Meter zu gehen", sagt der Mann plötzlich auf französisch.

Wir sind natürlich erstaunt über diese wunderliche Mitteilung, doch eine Viertelstunde später sind wir tatsächlich am Ziel. Starker exotischer Duft von Vanille und Pfeffer strömt uns entgegen.

Madame Leng und ihr ganzer Stolz

Kiso führt uns zum Haus von Madame Leng. Ein junges, freundliches Mädchen kommt auf uns zu. Ich glaube, sie gefällt Kiso, denn er schaut sie mit verträumten Augen an. Während er sich mit ihr unterhält, streckt er seinen wunden Fuß weit von sich, damit er ja nicht übersehen wird. Prompt deutet das Mädchen mit ihren Augen auf den Verband. Das muß natürlich ausführlich erläutert werden. Da Kiso nun selbst zum interessanten Mittelpunkt geworden ist, hat er uns bald völlig vergessen. Als wir ihn an unsere Anwesenheit erinnern, erfahren wir, daß Madame Leng noch in ihrem Laden ist, sie aber bereits von ihrem Diener verständigt wird. Er hat auch den Brief an sie mitgenommen.

Hinter dem geräumigen Wohnhaus mit den hellen, sauberen Zimmern befindet sich ein kleiner, dunkler Bretterschuppen. Davor liegen auf Matten ausgebreitet rote Pfeffer- und dunkelbraune Vanilleschoten, die von ein paar Männern und Frauen zu gleich großen Päckchen gebündelt werden.

Temperamentvoll werden wir von Madame Leng begrüßt. Sie ist eine drahtige, muntere Person mit lebhaften Augen, die ständig zwischen Herbert und mir hin und her wandern.

„Es tut mir leid, daß mein Mann nicht da ist. Er mußte geschäftlich nach Antalaha. Wir handeln mit Vanille, Pfeffer und Zuckerrohrsaft. Sie sind sicher durstig. Möchten Sie ein Coca-Cola?" Wir trauen unseren Ohren nicht.

„Da haben aber die Träger schwer zu tragen", bemerkt Herbert.

„Wir lassen alles, was wir von der Stadt brauchen, mit der Piroge herbefördern. Das ist auch für Sie die beste Möglichkeit, an die Küste zu kommen."

„Mit dem Einbaum?" fragen wir überrascht.

„Ja, wenn Sie wollen, werde ich noch heute abend mit dem Bootsmann reden."

„Und wie lange dauert es mit der Piroge zur Küste?" frage ich.

„Einen Tag."

„Und zu Fuß?"

„Zwei Tage. Aber die Wege sind teilweise bereits überflutet. Schon seit zwei Wochen regnet es hier fast täglich. Es ist also ungewiß, ob Sie die Küste noch zu Fuß erreichen können."

Bei einbrechender Dunkelheit beginnt es plötzlich zu dröhnen und brummen. Der Hausgenerator wurde eingeschaltet, und wir werden mit hellem Licht überflutet. Madame Leng zeigt uns diese Errungenschaft mit dem gleichen Stolz, wie sie uns ihren kleinen Sohn präsentiert. Doch der dreijährige Junge flieht eingeschüchtert vor uns Fremden in die Arme seines Kindermädchens.

Nachdem wir uns frisch gemacht haben und Madame Leng mit dem Bootsmann einen Termin für morgen früh vereinbart hat, werden wir in die Wohnstube gebeten. Die quirlige Chinesin holt aus einem Schrank ein Fotoalbum. So lernen wir all ihre Tanten, Onkel, Brüder, Schwestern und deren Kinder kennen. Auf ihrem Hochzeitsfoto – Madame Leng im weißen Spitzenkleid – ist auch ihr Mann zu sehen. Nach dem ersten Album holt sie das nächste heran, pustet die Staubschicht ab und legt es mir in den Schoß. Uns fallen vor Langeweile schon fast die Augen zu, als Madame Lengs Bildervorrat endlich erschöpft ist.

„Möchten Sie nicht auch ein Foto von mir machen?" fragt sie.

„Aber ja, natürlich", nicken wir höflich.

Doch bevor Herbert auf den Auslöser drücken kann, verschwindet Madame für eine gute Stunde im Bad. Mit einem geblumten, elegant geschnittenen Hosenanzug bekleidet und kräftig geschminkten Lippen setzt sie sich mit gekreuzten Beinen aufs Sofa. Nun ist sie fotografierbereit. Klick, macht Herberts Fotoapparat. Jetzt erst bemerkt Frau Leng, daß sie keine Schuhe anhat. Schnell kramt sie ein paar schwarze Lackschuhe aus einer Schublade und schlüpft hinein. Ich soll mich doch neben sie setzen. Sie lächelt mich an, als wäre ich ihre beste Freundin. Klick, macht wieder Herberts Kamera.

Damit nicht genug. Ob wir nicht noch ein weiteres Foto machen wollen? Diesmal von ihrem Sohn, dem sie schnell ein Büschel Plastikblumen in die Hand drückt. Dann plaziert sie den Kleinen neben den Hausgenerator. Der gesamte Stolz von Madame Leng wird nun auf diesem Bild festgehalten. Anschließend werden wir zum Essen gebeten. Es gibt Reis und Fisch.

Der Sohn des Hauses wie auch die beiden kleinen Nichten von Madame Leng, die mit in ihrem Haus wohnen, haben eitrige Hautentzündungen.

„In diesem feuchten Klima heilen die Wunden nur sehr langsam", klagt unsere Gastgeberin.

Wir überlassen ihr Desinfektionsmittel und Verbandszeug. Während sie die Sachen dankbar annimmt, fragt sie mich, ob ich nicht vielleicht ein Parfum für sie habe. Parfums seien hier kaum zu bekommen.

Ich muß sie enttäuschen. Doch Herbert überreicht der modebewußten Chinesin sein Rasierwasser. Entzückt über den betörenden Duft nimmt sie das Fläschchen an sich und betupft sofort Handgelenke und Hals.

Bei Tagesanbruch verbindet Herbert nochmals Kisos Fuß. Dann heißt es Abschied nehmen von unserem Weggefährten, der jetzt in sein Dorf zurückkehrt. Es regnet in Strömen, als wir das Haus der Familie Leng verlassen. Doch unsere Gastgeberin läßt es sich nicht nehmen, uns zum Fluß zu begleiten, wo der Bootsmann schon auf uns wartet. Die Chinesin hat ihre Lackschuhe wieder in der Schublade verstaut und läuft barfuß vor uns her, in ihrer Hand trägt sie einen großen, schwarzen Schirm. Schirme scheinen in Madagaskar Prestigewert zu besitzen. Die anderen Dorfbewohner halten zum Schutz gegen den Regen Bananenblätter über ihre Köpfe.

Bei unserem Gang durch das Dorf ruft Madame Leng den anderen Leuten lachend Worte zu. Es hat den Anschein, als sei sie sehr stolz darauf, ihren Besuch vorzeigen zu können. Es ist nur schade, daß im Augenblick nicht viel von den Gästen zu sehen ist, denn wir haben uns in die Regenhäute verkrochen wie Schnecken in ihre Häuser. Und zu Gesprächen sind wir auch nicht gerade aufgelegt. Wir tragen aber auch ohne Worte zur Unterhaltung der Einheimischen bei. Trotz des prasselnden Regens und der Kapuze, die ich über den Kopf gezogen habe, höre ich es hinter uns belustigt kichern.

Madame Leng bleibt stehen und betrachtet prüfend den steilen Weg, der über die Böschung zum Ufer führt. Der aufgeweichte, rotbraune Boden ist glatt wie Schmierseife. Die Chinesin läßt uns nun den Vortritt. Noch während wir das Hindernis mit Argwohn beäugen, schlittern wir auch schon den Hang hinab, wobei uns das Gewicht der Rucksäcke zu Boden zieht und wir rücklings unten landen. Begleitet vom Gelächter der Dorfbewohner, die sich dieses Schauspiel natürlich nicht entgehen lassen, rappeln wir uns aus dem Lehmbad auf. Jetzt kommt Madame Leng mit tänzelnden, graziösen Schritten herabgetrippelt. Nun ja, sie zeigt uns, wie es geht.

Der Bootsmann zieht die vollgeregnete Piroge an Land, und mit zwei halben Kokosnußschalen schöpfen wir sie leer. Dann verstauen wir das Gepäck und nehmen Abschied von der gastfreundlichen Chinesin.

„Sie vergessen doch nicht die Bilder, nicht wahr?" ruft sie uns nach.

Wir versuchen es uns in dem wackeligen Wassergefährt bequem zu machen. Noch einmal winken wir Madame Leng zu.

Ostwärts mit dem Fluß und das „böse Ding"

Das Boot gleitet in die Flußmitte und wird von der Strömung erfaßt, die uns Richtung Osten treibt. Wir ziehen vorüber an der sattgrünen, triefenden Natur, an halbversteckten Bambushütten, über denen die ersten Rauchsäulen des Tages graublau aufsteigen.

Noch ist der Himmel von Regenwolken verhangen, die von der Ostküste herandrängen, und wir zittern in der nassen Kälte. Doch als zwei Stunden später die Sonne den Regen ablöst, wird uns

Ostwärts mit dem Fluß

schnell wieder heiß. Das unbequeme, schmale Sitzbrett und der geringe Bewegungsraum im Boot werden uns bald zur Qual. Von Flußromantik kann keine Rede sein.

Der Bootsmann sitzt schweigend hinter uns. Er scheint den Fluß gut zu kennen. Geschickt überwindet er kleine Stromschnellen, und mühelos weicht er den Sandbänken aus. Am oberen Flußlauf ist das Wasser noch klar, und bei der starken Strömung kommen wir rasch voran. Farbenprächtige Eisvögel sitzen auf tiefhängenden Zweigen und spähen nach kleinen Fischen aus.

Da es im Dorf keine Vorräte zu kaufen gab und wir Madame Leng nicht auch noch um Wegzehrung bitten wollten, meldet sich nun unser Magen mit beleidigtem Knurren. Wir hatten gehofft, daß der Bootsmann unterwegs bei einer Ansiedlung anhalten würde, doch nun hat die Sonne bereits vor zwei Stunden ihren

Zenit überschritten, und wir haben noch keine einzige Pause eingelegt.

Auf einmal sehen wir am Ufer eine Frau, die an einem offenen Feuer kocht. Der Bootsmann ist wohl auch hungrig, denn er ruft ihr einige Worte zu. Wahrscheinlich fragt er sie, ob sie genug Reis im Topf hat, um drei weitere Mägen zu füllen. Lachend ruft die Frau etwas zurück, und wir legen neben ihrem Boot an. Vier Männer, wohl Verwandte der Frau, kommen neugierig heran. Freundlich, doch distanziert nicken sie uns zu.

Der Bootsmann gesellt sich zu ihnen und erklärt gewiß, was wir hier wollen. Herbert und ich setzen uns etwas abseits und harren der Dinge, die da kommen. Wir möchten jedenfalls nicht aufdringlich sein. Die Männer unterhalten sich eine Zeitlang, dann winkt uns der Bootsmann heran, während die Frau schon den Reis, den Fisch und das spinatähnliche Gemüse auf Bananenblättern aufteilt. Die Frau, die uns gutmütig zulacht, bedient uns und die anderen zuerst. Bevor sie sich dann selbst das letzte Stück Fisch nimmt, zögert sie. Es ist ja Sitte, daß die Frau erst ißt, wenn die Männer schon satt sind, doch ihre Gefährten bestehen darauf, daß sie sich gleich den Fisch nimmt. Dieses rücksichtsvolle Benehmen beeindruckt mich. Gleichzeitig zeigt diese Geste auch, daß die Sitten recht variabel sind.

Beim Essen wird das Verhalten der Leute uns gegenüber zugänglicher. Der Hunger verbündet uns. Mit wohlwollenden Blikken beobachten sie, daß wir wie sie mit den Händen essen. Herbert und ich haben zwar je ein Campingbesteck dabei, aber das benötigen wir im Augenblick nicht. Mit der Hand zu essen ist gar nicht so übel. Man kann mit den Fingern die Sauce in den Reis einarbeiten und durchkneten, wodurch er saftig und würzig schmeckt.

Einer der Männer holt Wasser vom Fluß und gießt es in den großen Topf, in dem der restliche Reis schon leicht angebräunt ist. Mit dem abgekochten Reiswasser löschen wir unseren Durst. Dann beginnt der allgemeine Aufbruch.

Wir haben nicht nach dem Namen der Leute gefragt, und auch sie wissen nicht, wer wir sind. Doch sie haben ganz selbstverständlich ihr Essen mit uns geteilt, als sei es das Natürlichste der Welt.

Wir geben der Frau etwas Geld, soviel wie wir auch in einem einheimischen Restaurant hätten bezahlen müssen. Erst guckt sie uns verwundert an, dann steckt sie das Geld ein. Sie scheint zufrieden. Und wir sind es auch.

Am unteren Lauf wird der Fluß träge und schlammig, die Vegetation niedriger und lichter. In der aufkommenden Dämmerung kühlt die Luft merklich ab, und bald können wir kaum noch die nahe Uferböschung erkennen. Wir gleiten durch die Dunkelheit, die erfüllt ist vom schmetternden Konzert der Zikaden und Grillen. Plötzlich hören wir noch ein anderes Geräusch. Donnert es? – Nein, es ist kein Gewitter, es ist die Brandung des Indischen Ozeans.

Eine halbe Stunde später erreichen wir die Flußmündung. Ein Licht taucht auf und bewegt sich über den Fluß. Es muß ein Auto sein, das über eine Brücke fährt. Ob so spät wohl noch ein weiteres Fahrzeug kommen wird? Der Bootsmann rudert ans Ufer. Wie immer in derartigen Situationen kann ich die Taschenlampe nicht finden, und so taste ich mich vorsichtig im Dunkeln an Land. Ich fühle Wurzeln unter meinen Händen, ziehe mich hinauf und stolpere ans unebene Ufer.

Mit unsicheren Schritten folgen wir den vagen Umrissen des Bootsmannes und hören bald Lachen hinter einer Bambuswand, durch deren Ritzen schwacher Feuerschein dringt. Holzkohlengeruch kitzelt unsere Nasen. Der Schatten vor uns bleibt stehen und verabschiedet sich von uns. Der Bootsmann wird in dieser Hütte übernachten. Im schwachen Lichtschein zählen wir den vereinbarten Fahrpreis in seine Hand.

Herbert und ich tapsen weiter. Ich stolpere, und beinahe wäre ich in einen Graben gefallen. Herbert findet einen Steg, der darüberführt, und mit Erstaunen merke ich, daß ich im Dunkeln besser darüberbalancieren kann als am Tag. Wahrscheinlich weil ich nicht sehe, wie tief der Graben ist.

Wieder ein Licht vor uns. Es bewegt sich auf uns zu, nur leider aus der falschen Richtung. Doch da schwenkt es herum. Es sind die Scheinwerfer des Vorortbusses von Antalaha, der hier Endstation hat und gleich wieder zurückfährt. Was für ein Service!

In Antalaha überlegen wir uns die nächste Route. Wir könnten in vier Tagen zu Fuß Maroantsetra erreichen, falls uns nicht die beginnenden Regenfälle einen Streich spielen. Aber wie soll es dann weitergehen? Von dort gibt es keine durchgehende Verbindung in den Süden oder Westen. So entscheiden wir uns schließlich für die Rückkehr über Sambava nach Ambilobe.

Nach einer vierzig Stunden dauernden Taxi-Brousse-Reise wechseln wir in Ambilobe das Buschtaxi nach Ambanja, wo wir uns nach der nächsten Abfahrt der Fähre zu der Insel Nosy Bé erkundigen. Die Verbindung richtet sich nach den Gezeiten. Wir haben Glück, die Fähre geht in drei Stunden. Mit zehn anderen Fahrgästen erreichen wir in einem Sammeltaxi die Anlegestelle der Fähre, die gerade herantuckert.

Der Platz vor der Mole ist bereits vollgestapelt mit Gepäckstükken jeder Art: Kisten, Ölkanister, Körbe mit Gemüse, Hühner und Enten, Matratzen, Stühle, Reifen, flachgeklopftes Autoblech, überquellende Taschen. Mit einem kräftigen Rumms legt die Fähre an. Die Ladeklappe öffnet sich, wird zum Verbindungssteg zwischen Wasser und Land. Motoren heulen auf, Auspuffwolken nebeln die sechs Blech an Blech stehenden Fahrzeuge im Bauch des Schiffes ein. Nach ihnen drängen die anderen Passagiere heraus, die mit ihren eigenen Lasten auf dem Kopf nun eine Art Hürdenlauf über die unzähligen Packen vor der Anlegestelle bewältigen müssen.

So schnell die Fähre leer geworden ist, so schnell füllt sie sich wieder. Die neuen Fahrgäste schubsen und stoßen sich, um einen Sitzplatz zu erobern. Herbert und ich ziehen es vor, an der Reling zu stehen. Wir wollen so viel wie möglich von der Überfahrt sehen.

Anfangs gleitet die Fähre durch einen Mangrovensumpf, doch bald steuern wir im türkisblauen Wasser auf die kreisrunde, aus einem einzigen Vulkankegel bestehende Insel Nosy Komba (Nosy Ambariovato) zu. Dicht fährt das Schiff an ihren kleinen, goldgelben Buchten vorbei – dann liegt Nosy Bé vor uns.

Diese Insel spielte Anfang des 20. Jahrhunderts im ostasiatischen Krieg keine unbedeutende Rolle. Zur Unterstützung der russischen Flotte im Pazifik schickte der Zar seine Ostseeflotte nach Fernost, und um sich von der anstrengenden Umfahrung des afrikanischen Kontinents zu erholen, ankerten die Seeleute vor der madagassischen Insel Nosy Bé. Dabei wurden die Männer von einer Epidemie heimgesucht, der einige hundert Seeleute zum Opfer fielen. „Wir lagen vor Madagaskar und hatten die Pest an Bord", heißt es in dem bekannten Seemannslied. Doch die Männer starben nicht an der Pest, sondern an Typhus. Ihre Gräber sollen sich noch immer auf dem kleinen Friedhof in Andoany auf Nosy Bé befinden. Aufgrund des großen Verlustes unter den russischen Seesoldaten war es den Japanern ein leichtes, die Flotte des Zaren zu besiegen.

Nosy Bé wird in Reiseberichten gerne als die Perle Madagaskars bezeichnet. Das war sie wohl zu der Zeit, als noch die kleine, pummelige Sakalava-Königin Binao regierte. Sie soll eine sehr gütige wie auch humorvolle Herrscherin gewesen sein.

Doch als die Franzosen auftauchten, legte sich bald ein dunkler Schatten auf das unbeschwerte Inselleben. Denn für eine geringe lebenslängliche Rente kauften die Fremden der fröhlichen Königin Ende des 19. Jahrhunderts das sonnige Eiland ab. Binao und ihren Untertanen wird wohl bald das Lachen vergangen sein, als zuckerrohrpflanzende Großgrundbesitzer die Herren der einst paradiesischen Insel wurden. Umsatz und Gewinn war nun der neue Lebenssinn, und die verträumten Inselbewohner wurden in den fremdbestimmten Arbeitsprozeß eingespannt. Dabei liebten die afrikastämmigen Sakalava nichts mehr, als unabhängig in den Tag hinein zu leben.

Heute verändert der Tourismus das Inseldasein. Seit Jahren bereits ist Nosy Bé ein beliebtes Ziel der Madagaskar-Besucher. Zwar ist die Insel nicht auf Massentourismus eingerichtet, doch der aufwendige Lebensstil der Fremden hat bereits das Denken und Verhalten der Einheimischen geprägt. Die Güte und Lebensfreude der Königin Binao sind vergessen. Die Preise schnellen in die Höhe, und jeder Tourist wird mit einem Goldesel verwechselt.

Tropenidylle auf Nosy Komba

Es ist nicht zu übersehen, alles ist hier teurer: Hotels, Essen im Restaurant, Früchte und Gemüse auf dem Markt, Getränke wie auch die Taxis. Den Fremden werden Spezialfahrten angeboten, die etwa zwanzigmal soviel kosten wie die normale Beförderung im Sammeltaxi. Die Einheimischen, die sich mit uns in dem engen Raum des R4 zusammendrängen, lachen uns aus. Weil wir uns nicht zum Spezialtarif ohne Gedränge chauffieren lassen? Weil wir nicht in das Bild passen, das sie sich von Weißen gemacht haben?

Die Angestellten im Hotel finden sich einer nach dem anderen vor unserer Zimmertür ein. Sie wünschen T-Shirts, Jeans, Schuhe, Kleider, Rucksäcke, Armbanduhren und Sonnenbrillen. Jeder scheint die fetten Gänse aus Europa schlachten zu wollen. Wir flüchten.

Unsere Tropenidylle finden wir auf der kleinen Nachbarinsel Nosy Komba, an der wir mit der Fähre vorbeigetuckert sind. Hier vermietet Michael, ein junger Deutscher, der mit einer attraktiven und freundlichen Inselbewohnerin verheiratet ist, einfache Zimmer an „gestrandete" Individualreisende.

Nosy Komba wurde unter den Reisenden bekannt, weil einheimische Fischer ein paar Lemuren gezähmt haben, die dadurch leichter fotografiert werden können. Neugierig und gespannt auf die berühmten Halbaffen von Madagaskar, über die wir bereits so viel gelesen haben, fragen wir Michael, ob es auf Nosy Komba auch noch freilebende Lemuren gibt.

„Ihr braucht nur hinter das Haus zu schauen", lacht Michael.

Vorsichtig, um sie nicht zu erschrecken, tasten wir uns durch das Gestrüpp. Tatsächlich, sieben Lemuren turnen putzmunter im Geäst herum. Zwei der Tiere haben ein schwarzes Fell, die anderen sind fuchsrot. Da sich ein Baby mit kecken Augen an den haarigen Bauch eines roten Tieres klammert, sind das offensichtlich die Weibchen und die dunklen Tiere die Männchen. Es ist gar nicht einfach, die munteren Tiere zu fotografieren. Immer hüpfen sie von Ast zu Ast und verstecken sich hinter dem Blattwerk. Als zwei Lemuren gleichzeitig auf einen Ast springen, bricht er ab und fällt mir auf den Fuß.

Humpelnd ziehe ich mich auf die Terrasse zurück. Von hier genieße ich den wunderschönen Ausblick auf die Bucht, das Meer und Nosy Bé.

Herbert beschließt, auf den bewaldeten Vulkanhügel zu steigen. Er will die Umgebung erforschen. Ich schone lieber meinen Fuß. Außerdem sind wieder eine Menge Tagebuchnotizen fällig. Doch mit dem Schreiben komme ich nicht sehr weit. Michael kehrt von seinem Wasserskivergnügen zurück – er hat ein Schlauchboot mit einem 25-PS-Motor, das er von einem einheimischen „Kapitän" steuern läßt – und gesellt sich zu mir.

„Ich habe hier mein Paradies gefunden", sagt Michael, während er das nasse Haar ausschüttelt. Ich glaube es ihm aufs Wort. Ich brauche nur einen Blick um mich zu werfen.

„Ich möchte das Hotel vergrößern", berichtet er nach einer Weile des Schweigens, „und ich habe auch noch einen anderen Platz auf dieser Insel im Auge. Ich hoffe, daß sich das durchführen läßt. Es ist gar nicht so einfach mit den Behörden."

Ob Nosy Komba das Paradies bleiben wird, wenn Michael die geplante Hotelvergrößerung in die Tat umgesetzt hat?

„Ich mag die Menschen, ihre Musik und ihr Lachen", sagt Michael weiter.

„Hast du keine Probleme mit der Familie deiner Frau gehabt?"

„Eigentlich nicht. Aber mit einigen Leuten habe ich schon Ärger. Die madagassischen Familien sind ja unglaublich groß, und da gibt es immer ein paar Neider und Machthungrige darunter."

„Und worauf sind sie neidisch?"

„Na, auf das Hotel, und weil es ganz gut läuft, da gibt es eben Verwandte, denen ich ein Dorn im Auge bin."

„Und wie bekommst du das zu spüren?" frage ich neugierig.

Michael sieht mich ein paar Sekunden zögernd an, bevor er antwortet: „Die Einheimischen benutzen noch oft Schwarze Magie. Vor allem bei Eifersüchteleien oder wenn jemand auf einen anderen wütend ist. Beispielsweise wenn einer glaubt, es steht ihm mehr Besitz zu, als er bekommen hat. Oder in meinem Fall, weil ich als Fremder mehr Geld mache als sie."

„Glaubst du an Schwarze Magie?"

„Ob ich daran glaube oder nicht, ist ziemlich egal. Es wirkt – das habe ich am eigenen Leib erfahren."

„Und was war das für eine Erfahrung? Erzähl doch!"

„Ich habe eine schreckliche Zeit durchgemacht. Nichts hat mehr geklappt. Weder beruflich noch privat. Eine Pechsträhne hat die andere abgelöst. Dann ist es mir auch gesundheitlich schlechtgegangen. Ich fühlte mich wirklich hundeelend, und ich war schon nahe daran, wieder nach Deutschland zurückzugehen." Martin steht auf und holt sich eine Cola.

„Und was ist dann passiert?" frage ich gespannt.

Michael öffnet die wassergekühlte Flasche und erzählt weiter: „Ein Mädchen vom Nachbardorf hat von meinen Schwierigkeiten erfahren und versprach mir zu helfen. Man hat mir gesagt, daß sie eine ‚tromba', ein Medium, ist. Sie kann im Trancezustand mit den Ahnen, aber auch mit anderen Verstorbenen Kontakt aufnehmen. Mit dieser Hilfe aus dem Jenseits erfährt sie dann, weshalb irgendein Problem besteht und wie man es am besten löst."

„Und was hat sie bei dir herausgefunden?“ Ich kann meine Neugierde kaum noch bezähmen.

„Während sie in Trance war, hat sie gesagt, daß vor unserem Haus ein ‚böses Ding‘ vergraben liege. Das sei die Ursache für alle meine Schwierigkeiten. Danach konnte sich das Mädchen an nichts mehr erinnern. Doch wir haben gemeinsam nach dem ‚Ding‘ gesucht – und es auch gefunden.“

„Was für ein Ding?“

„Ein seltsamer Knochen, der mit der spitzen Bruchseite gegen das Haus zeigte.“

„Und ging es dir danach besser?“

„Ja, zwei Tage später fühlte ich mich wieder kräftiger, und auch meine anderen Probleme lösten sich bald darauf.“

„Wie willst du dich denn in Zukunft vor solchen Verwünschungen schützen?“ frage ich.

„Ich glaube, böse Flüche können einem nur etwas anhaben, wenn man mit sich selbst und seiner Umwelt unzufrieden ist. Oder wenn man selbst auf jemanden böse ist. Meine Frau hat das so erklärt: Wenn du versuchst, mit allen Menschen und auch mit dir selbst auszukommen, kann dir nicht viel geschehen. Sie hat mir aber auch noch ein paar Vorsichtsmaßregeln beigebracht. Man soll beispielsweise nicht aus dem Glas eines anderen trinken und auch sein eigenes Glas in einer Gesellschaft nicht aus den Augen lassen. Die Einheimischen haben hier auch Angst vor einem festen Händedruck.“

„Das verstehe ich nicht“, unterbreche ich Michael.

„Na ja, die Leute glauben, daß ‚das Böse‘ nicht nur mit Hilfe verzauberter Gegenstände, sondern auch durch Speichel oder Handschweiß wirksam werden kann.“

Ist das nun die Erklärung für den allgemein schnellen und flüchtigen Händedruck der Madagassen? Doch was Michael betrifft, muß er sich über Neid und Groll wundern? Als ich ihn auf seinen Wasserski sah, habe ich an den großen Benzinverbrauch gedacht.

Und das, wo manche Einheimischen nicht einmal genug Brennmaterial zum Kochen haben.

Als Herbert am späten Nachmittag von seinem Ausflug zurückkommt, fragt ihn Michael lachend: „Hast du einen Zwerg gesehen?"

„Einen Zwerg?" Herbert schaut Michael verwundert an. „Wie kommst du darauf?"

„Weil da oben in dem Bergwald Zwerge wohnen."

„Hast du schon mal welche gesehen?"

„Nein, ich nicht. Aber von den Einheimischen weiß jeder, daß es hier Zwerge gibt. Ich habe gehört, daß man auf keinen Fall einen Zwerg anschauen darf, wenn man einem begegnet."

„Und warum nicht?"

„Die Leute sind sicher, daß man davon verrückt wird." Dabei tippt sich Michael mit dem Finger an die Stirn.

„Kennst du jemanden, der schon einen Zwerg gesehen hat?" Herbert will es genau wissen.

„Ja, da ist dieser Mann, den ich erst kürzlich wieder in Hell-Ville getroffen habe. Er war früher oft bei uns zu Besuch. Doch bei unserem letzten Wiedersehen in Hell-Ville hat er sich ziemlich merkwürdig verhalten. Er war irgendwie nicht mehr er selbst. Als ich meiner Frau von dieser Begegnung erzählt habe, hat sie nur gesagt: ‚Der hat doch einen Zwerg. Weißt du das denn nicht?'"

Fahrt ins Hochland

Von Ambanja führt eine neue, noch unbefestigte Straße in den Süden. Bandwurmähnlich schlängelt sich die rostrote Fahrbahn hügelauf und hügelab. Die Wälder, bei Ambanja eine wahre Augenfreude, beginnen sich zu lichten und verschwinden dann ganz. Wieder nichts als kahlgefegte, abgebrannte Erde, Landschaften, die mich an Bilder von der Mondoberfläche erinnern.

Wir übernachten in dem kleinen Ort Antsohihy. Hier treffen wir Walter, einen deutschen Entwicklungshelfer, mit dem wir uns über den rigorosen Raubbau unterhalten, der in Madagaskar betrieben wird.

„Offiziell ist die Brandrodung ja verboten, weil die gelegten Brände oft außer Kontrolle geraten und dadurch großer Schaden

Brandrodung

angerichtet wird", meint der junge Deutsche dazu. „Auch Dörfer und ganze Ernten fallen den Flammen immer wieder zum Opfer. Wir haben Aufklärungskampagnen veranstaltet. Aber die bringen genausowenig wie Strafaktionen. Die Leute brennen einfach alles nieder, um für ihre Felder Aschedünger zu gewinnen. Der Boden ist aber drei bis fünf Jahre danach ausgelaugt. Und dann suchen sie wieder neues Land zum Kultivieren. Auch für die Gewinnung von Holzkohle fallen die Wälder zum Opfer. Es dauert nicht mehr lange, dann gibt es auf Madagaskar keinen einzigen Baum mehr. Die Tier- und Pflanzenwelt ist bereits im höchsten Maße gefährdet."

„Uns fällt es natürlich leicht, darüber zu urteilen", meint Herbert. „Wenn wir wieder zu Hause sind, brauchen wir nur den Strom anzuschalten oder das Gas aufzudrehen. Aber hier – es gibt doch keine Alternativen."

„Trotzdem müssen die Madagassen begreifen, daß sie sich ihre eigene Lebensgrundlage für die Zukunft zerstören, wenn sie nicht mit diesem Wahnsinn aufhören!" ist die Antwort des frustrierten Entwicklungshelfers.

„Es dauert nicht mehr lange, dann gibt es auf Madagaskar keinen einzigen Baum mehr"

„Ich glaube, man kann Menschen nicht dazu bringen, an die Zukunft zu denken, wenn sie heute hungrig sind. Kann man wirklich erwarten, daß sich jemand um die Natur und schöne Bäume kümmert, wenn es ums Überleben geht?" ist mein Einwand.

„Die Leute müssen aber umdenken. Diese ewige Brandrodung in den Entwicklungsländern trägt schließlich stark zur Klimaveränderung bei. Aus den Rauchwolken entweichen Gase wie Kohlendioxid, Kohlenmonoxid, Methan und Stickoxide, die einen Treibhauseffekt erzeugen."

Walter scheint kein Spinner zu sein, und seine Sorge ist echt, dennoch muß ich ihm sagen: „Und warum erwartest du, daß ausgerechnet die kapitalschwachen Menschen hier umdenken sollen? Obwohl uns in den Industrieländern die Auswirkungen von Umweltverschmutzungen bekannt sind, fahren wir doch weiter mit unseren Autos, und die Fabriken verunreinigen weiterhin die Luft und das Wasser."

„Weil hier die Menschen von Grund auf ihr Leben verändern müssen. Alle diese kleinen unorganisierten Selbstversorger machen das gesamte Land kaputt. Sicher steigert es das Selbstwertgefühl des einzelnen, wenn er seinen eigenen Grund und Boden hat, doch das ist gegen den Zeitgeist und gegen jede Vernunft!"

Die Bevormundung anderer Kulturen findet scheinbar in allen Bereichen statt. In diesem Fall ist es unsere Angst vor der globalen Naturkatastrophe, und deshalb sollen sich die Menschen in anderen Kulturkreisen nun ändern. Und der „vernünftige" Westen? Er hat zumindest sein Scherflein beigetragen an der Situation, in die unsere Welt geraten ist.

Bevor ich einschlafe, drehen sich meine Gedanken im Kreis. Sie bewegen sich um das Leben auf unserer Erde, seine Inhalte und Werte, unsere Aufgaben, ständige Nachlässigkeiten und unsere Möglichkeiten. Ich schaffe es einfach nicht mehr, beim Reisen „Urlaub zu machen". Früher, als ich noch Buchhalterin war, konnte ich mich für zwei oder drei Wochen an einen Strand legen und alles Unangenehme von mir schieben. Ich wollte nur sonnengebräunt und erholt nach Hause zurückkehren. Wenn ich heute unterwegs bin, suche ich die Auseinandersetzung mit Menschen anderer Kulturen, mit ihrer Umwelt wie auch mit mir selbst. Zugegeben, dazu braucht es Zeit. Doch seit ich meinen früheren Beruf aufgegeben habe, nehme ich mir einfach diese Zeit. Nur so kann ich Gegensätze und Zusammenhänge erfassen oder mich mit anderen Lebens- und Denkweisen vertraut machen. Durch zunehmende Vergleichsmöglichkeiten bin ich kritischer geworden – mir wie auch anderen gegenüber. Das Reisen hat mein Leben auf den Kopf gestellt. Dabei ist mir vieles wichtig geworden, das mir früher gar nicht bewußt war. Und vieles ist mir unwichtig geworden, was mir von großer Bedeutung schien.

Am darauffolgenden Tag fahren wir weiter mit dem Buschtaxi in Richtung Mahajanga, doch wir steigen bereits in Marovoay aus,

Abendlicher Heimweg

was übersetzt heißt: „Wo es viele Krokodile gibt." Bald wird uns erzählt, daß es keine Krokodile mehr gibt. „Ja, früher, da hat es viele gegeben. Aber jetzt, nein – jetzt nicht mehr."

Da wir aber schon einmal hier sind, unternehmen wir auf dem breiten Betsiboka-Fluß eine Bootsfahrt. Der Kahn ist aus flachgeklopften Blechtonnen zusammengeschweißt und mit Teer verdichtet. Das braune Wasser fließt träge dahin, die Ufer sind baumlos und schlammig. Was das Abholzen betrifft, haben die Einheimischen auch hier gründliche Arbeit geleistet.

Als die Sonne ihren Höhepunkt erreicht, kehren wir um. Gnadenlos sendet sie ihre feurigen Strahlen auf die dürstende Erde. Durch die lange Trockenheit ist der Boden steinhart und rissig geworden wie ein zu lange und zu heiß gebackener Kuchen. Seit fast drei Jahren ist in dieser Region kein einziger Regentropfen mehr gefallen. Das erfahren wir jetzt von François Severin, einem etwa vierzigjährigen Mann, der uns in deutscher Sprache anredet.

Wie viele andere junge Männer aus Madagaskar erhielt er die Gelegenheit, sich im Ausland ein Fachwissen anzueignen; Rußland, Frankreich und auch die BRD bieten Ausbildungsplätze an. François studierte fünf Jahre an der TU in München. Jetzt ist er Ingenieur und arbeitslos.

Wir sitzen zusammen in einem kleinen Restaurant und trinken madagassisches Bier.

„Es wächst nichts mehr auf den Feldern", sagt er. „Alles ist verdorrt. Die Leute hier haben nichts mehr zu essen. Wir leben in einem armen Land." François ist ein gebildeter Mann. Also sprechen wir offen mit ihm.

„Wir glauben, daß die ganzen Waldrodungen mit daran schuld sind, daß es hier nicht mehr regnet", sage ich.

„Ach wo, das hat doch nichts damit zu tun. Wir sind arme Menschen, und arme Menschen werden immer bestraft. Ihr habt es in Deutschland gut. Da gibt es keine Probleme. Ihr seid reich. Alles ist gut bei euch. Doch bei uns ist alles schlecht."

Das ist die allgemeine Ansicht der Madagassen. Die Kolonialisten haben es ihnen vorgelebt. Und unsere Experten und Touristen setzen das Verführungswerk fort, säen falsche Vorstellungen und Hoffnungen, tragen dazu bei, daß unzählige Mißverständnisse geboren werden und die Welt der Reichen und Armen weiter auseinanderrückt. Ehrliche interkulturelle Bemühungen sind nur Tropfen auf dem heißen Stein.

Daß Leute, die nie im Westen waren, sich ihre Vorstellungen über den Westen nicht ausreden lassen, kann ich verstehen, wenn man sieht, wie bevorzugt Weiße hier im Lande leben. Aber einer, der in Europa studiert hat, muß doch mit unseren Gesellschaftsproblemen konfrontiert worden sein.

„Sie waren doch fünf Jahre in Deutschland. Da haben Sie doch sicher bemerkt, daß bei uns auch nicht alles in Ordnung ist."

„Ach wo, in Deutschland ist alles in Ordnung."

„Aber wir haben doch auch Probleme. Da sind die Ängste vor Nuklearkatastrophen, Gen-Manipulationen, Umweltverschmutzung. Wir haben Angst vor den ganzen chemischen Rückständen und Abfällen, vor den Auswüchsen der Technik und Wirtschaftskrisen und dann die ganzen sozialen Probleme, mit Drogen und Alkohol, die Unfreundlichkeit gegenüber Kindern, alten Menschen und Ausländern."

François lächelt nachsichtig über meine Erregung.

„Ach wo, das ist alles nicht so schlimm. Bei euch ist alles gut."

Sagt er diese stereotypen Sätze womöglich aus Höflichkeit dem Gast gegenüber? Will er uns nicht kränken?

„Und warum sind Sie dann nach Madagaskar zurückgekommen?" frage ich.

„Ich habe meine Familie hier."

„Warum glauben Sie, daß bei uns alles in Ordnung ist?" fragt Herbert noch mal nach.

„Jeder kann sich ein Auto leisten. Ihr habt schöne Wohnungen. Und in den Kaufhäusern kann man alles kaufen, was man sich nur wünscht – so viele Dinge, von denen wir in Madagaskar höchstens träumen können."

„Wir müssen aber unseren Preis dafür bezahlen", antworte ich etwas heftig.

„Das macht doch nichts. Sie sind reich, Sie können alles bezahlen."

Er versteht nicht, was ich sagen wollte. Wie konnte ich das auch nur erwarten?

„Viele Madagassen sich reicher als wir, sie besitzen beispielsweise eine Menge Ochsen oder Land."

„Aber Sie haben einen Fotoapparat. Und Sie konnten sich den Flug hierher leisten."

Die Menschen beneiden auch hier den anderen um alles, was sie nicht selbst besitzen. Selbst wenn Herbert und ich versuchen, bescheiden aufzutreten, das Essen der Einheimischen essen und einfache Unterkünfte benutzen, so können wir doch etliche Wochen reisen, ohne uns Sorgen um den morgigen Tag machen zu müssen. Es bleibt also dabei – wir sind reich. Zumindest, solange wir uns in Madagaskar aufhalten.

Als wir auf dem Rückweg nochmals durch Ambondromamy fahren, ist es bereits dunkel. Im Osten sehen wir einen hellen, weiten Lichtschein. Wir haben gelesen, daß etwa dreißig Kilometer von hier eine Bergspitze auf rätselhafte Weise leuchten soll. Noch niemand konnte die Ursache für dieses Phänomen ausfindig machen. Auch nicht eine Expedition von Geologen, die das Rätsel lösen wollte, und auch nicht ein Pilot, der von der Luft aus dem Geheimnis auf die Spur zu kommen hoffte. Die Einheimischen glauben, daß ein großes Urtier da oben auf dem Berg haust und Feuer spuckt. Gebannt starren wir auf den seltsamen Lichtschein in der Ferne.

In einem vollgestopften Kleinbus fahren wir weiter Richtung Süden. Wieder sehen wir einen hellen Lichtschein und dann noch einen. Bis wir erkennen, daß hier wieder ein Stück Land abgebrannt wird, um weiteres Acker- oder Weideland zu gewinnen. Hatte der geheimnisvolle Lichtschein, den wir bei Ambondromamy gesehen haben, womöglich die gleiche Ursache?

Der Straßenzustand wird immer schlechter. Witterungseinflüsse haben das einstige Asphaltband zerstört. Teilweise ist der Belag ganz abgetragen.

Nach Maevatenana wird die Straße kurvenreicher. Der Aufstieg ins Hochland beginnt. Oben auf dem Plateau erstreckt sich eine weite, baumlose Hügellandschaft, die von einem Teppich aus braunem, dürrem Gras überzogen ist. Zartes Grün sprießt nur in den feuchten Talfalten, die auf kleinen Flächen auch Feldbestellung zulassen. Die verstreut wohnenden Einheimischen müssen hier sehr genügsam sein.

Die Bauweise in den Dörfern hat sich verändert. Die Holzhäuser und Bambushütten in den Niederungen sind ein- oder zweistöckigen Lehmhäusern gewichen. Die Dächer sind meist mit Stroh gedeckt.

Wieder ist es Nacht geworden. Plötzlich ein loderndes, gespenstisches Licht vor uns. In einer kleinen Ansiedlung von fünf Häusern brennt ein Haus lichterloh. Gierige, prasselnde Flammen fressen sich durchs Gebälk. Das Ganze sieht wie eine bizarre Filmkulisse aus, aber es ist schreckliche Wirklichkeit. Der Fahrer hat angehalten, ein Junge eilt auf uns zu. Die nahe Feuerglut beleuchtet rot sein Gesicht. Wir glauben, daß er um Hilfe bittet, doch der Chauffeur steigt wieder aufs Gaspedal und fährt davon.

Gleichgültig zuckt er mit den Schultern. Dann lacht er den anderen Wageninsassen amüsiert zu, als hätte er einen guten Witz gehört. Wie sollen wir das verstehen?

Tana – Konfrontation zwischen Gegenwart und Vergangenheit

Der Tag ist noch sehr jung, als wir die ersten Vororte der Hauptstadt durchqueren. Wie schutzsuchend stehen vielfarbige Häuser aneinandergereiht. Viele haben Balkons, meistens aus Holz, oft kunstvoll mit Schnitzereien verziert. Beim ersten Morgenlicht beginnen sich Straßen und Plätze mit Menschen zu füllen. Eingehüllt in Decken oder warme Tücher schützen sie sich vor der morgendlichen Kälte.

Frauen mit dicken, schwarzen Zöpfen und breitkrempigen Strohhüten richten auf den Plätzen oder Gehwegen Gemüse oder Obst her. Mangos, Bananen, Orangen, Karotten, Eierfrüchte, Maniokwurzeln. Und die ersten frischroten Litschis der Saison werden büschelweise aufgestapelt. Farbenprächtige Bilder unter aufsteigenden Nebelschwaden, die mich an Marktszenen in den Anden erinnern.

Schwerbepackte Lastenträger eilen keuchend am Straßenrand entlang, und ein Junge, ein Tablett mit frischem Weißbrot balancierend, überquert die Fahrbahn. Busse, Lastwagen, Taxis, Privatautos und Buschtaxis verstopfen bald die enge Durchgangsstraße. Die ersten Sonnenstrahlen beginnen das Hochland zu erwärmen. Es riecht nach gebratenen Bananen und Maniokscheiben, und in kleinen gußeisernen Töpfchen dampfen frische Reisküchlein.

Sehr müde und durchfroren halten wir an dem großen Taxi-Brousse-Sammelplatz im Norden der Hauptstadt, die bereits eine Million Einwohner zählen soll. Das ist fast ein Zehntel der Gesamtbevölkerung Madagaskars. Doch so genau weiß das niemand. Wer soll sie auch zählen, die Menschen, die sich in Bretterverschlägen und Blechbuden in den Slums der Stadtränder angesiedelt haben? Menschen ohne Land und ohne feste Arbeit.

Auf dem riesigen Platz herrscht chaotisches Gewusel. Ausrufer, die Passagiere für bestimmte Taxi-Brousse-Strecken suchen – abgefahren wird erst, wenn das Fahrzeug voll ist – und für jeden herbeigeschleppten Kunden kleine Provisionen kassieren, mischen sich mit den Rufen der fliegenden Händler, die ihre Waren auf Bauchläden vor sich hertragen. Zigaretten, Feuerzeuge, Schokolade, Dominosteine, Socken, Damenhöschen aus Nylon und jede Menge Plastikkram werden angeboten. Und überall drängen sich Fahrgäste mit Unmengen von Gepäck. Der Boden ist aufgeweicht von den ersten Regengüssen der Saison. Drei Kinder planschen vergnügt in einer Pfütze. Taxifahren ist nicht teuer, und wir lassen uns ins Zentrum bringen.

Tana ist der Verkehrsknotenpunkt des Landes. Jeder, der von Norden nach Süden, von Westen nach Osten oder umgekehrt reisen will, muß hier durch. Auch der Flugverkehr ist so ausgerichtet. Von fast überall im Land wird erst einmal nach Tana geflogen, bevor es zum eigentlichen Zielort weitergeht.

Bereits bei unserer ersten Ankunft in Tana waren Herbert und ich von der Lage dieser Stadt fasziniert gewesen. Dicht aneinandergereihte pastellfarbene Häuser, von der Sonne gebleichte Villen aus der französischen Kolonialzeit und Kirchen verschiedenster Konfessionen sind auf den vielen Hügeln und Terrassen der Stadt gebaut. Anziehungspunkte für jeden Kamerabesitzer. Auf unserem Stadtbummel streifen wir durch breite, verkehrsreiche Straßen und dann wieder durch schmale, ruhige Gassen, die hügelab und hügelauf verlaufen. Von einem Hügel haben wir einen guten Blick hinab auf die Unterstadt. Dort herrscht ein unglaubliches Menschengewühl. Es sieht aus, als würden riesige Ameisenarmeen durcheinanderlaufen.

Auf den langen, steilen Treppen, welche die Oberstadt mit der Unterstadt verbinden, wurden Verkaufsstände aufgebaut. Schuhe, Sonnenbrillen, Papierwaren, Plastikschmuck, Wurst- oder Käsesandwiches und Ausgebackenes sollen die Passanten anlocken. Auf einem Treppenabsatz sitzt ein alter Mann in einem fadenscheinigen, grauen Sakko. In seinen Händen hält er ein stark abgegriffenes Buch, neben ihm auf den Stufen liegen noch andere

Tana (Antananarivo), die Hauptstadt des Landes

große Bände. Junge Leute haben sich um ihn versammelt, die dem Alten aufmerksam zuhören, während er ihnen aus den alten Büchern vorliest.

Einen Treppenabsatz höher befindet sich der kleine Stand eines Stempelgraveurs. Mit ruhiger Hand ritzt er die bestellten Namen, Zeichen und Ornamente in dünne Gummiplatten. Kunden und Neugierige bilden einen kleinen Kreis um ihn, doch der Graveur läßt sich durch die beobachtenden Augen nicht aus der Ruhe bringen.

Plötzlich Musik und Gesang. Drei Musikanten und eine Tänzerin geben eine kleine Aufführung mit pantomimischen Darbietungen zu Violine, Trommel und Gitarre. Die Zuschauer klatschen begeistert. Madagassen sind offensichtlich ein dankbares Publikum für Musikanten, Schauspieler und Geschichtenerzähler.

Wir kehren zurück auf die Avenue de l'Indépendance, die Hauptader der Innenstadt. Hier befinden sich preiswerte Hotels, Büros von Fluggesellschaften, Läden, Restaurants, Banken, Märkte und am nördlichen Ende der Bahnhof. Polizistinnen kontrollieren geparkte Autos und schreiben Parksünder auf. Auch in modernen Berufen sind die Frauen dem Mann gleichgestellt.

Die Menschen, denen wir begegnen, erinnern an die Bevölkerung Indonesiens, Malaysias, Chinas oder Polynesiens. Hier im Hochland macht sich der afrikanische Einschlag weniger bemerkbar. Am einflußreichsten sind in der Hauptstadt die hellhäutigen „Merina". Sie sind von kleinem, zierlichem Wuchs und stammen mit großer Sicherheit aus Südostasien. Ihre Sprache ist jedenfalls mit dem Malayischen verwandt. Die Merina zählen zu der dünnen Oberschicht, die Lebensart und Lebenseinstellung ganz auf den einstigen französischen Kolonialstil ausgerichtet hat. Zu den besser situierten Bewohnern Tanas gehören auch die Inder und Chinesen. Diese verstehen es im ganzen Land, einträgliche Geschäfte zu betreiben und sich wie die Merina, trotz der Abwertung von tausend Prozent in den letzten zehn Jahren, der eine Einkommenserhöhung von knapp hundert Prozent folgte, recht gut über Wasser zu halten.

Die Regierungsform in Madagaskar nennt sich zwar sozialistisch-revolutionär, doch fast jeder scheint sein eigener Unternehmer zu sein. Von der Abwertung und Mißwirtschaft am meisten betroffen sind natürlich die kleinen Leute. Vor allem in den Elendsvierteln sind Hoffnungen und Träume vom guten Leben in der großen Stadt zerstört worden.

Unser Aufenthalt in Tana ist mit einem ganzen Register an Empfindungen verbunden. Die Faszination, die die pulsierende, lebendige, malerische Stadt einerseits in uns auslöst, schlägt um in Entsetzen und Abneigung, als uns Frauen, Kinder, Krüppel und Alte in zerfetzten, schmutzigen Kleidern ständig aufhalten und uns mit hilfeheischenden Blicken anstarren. Am schlimmsten ist es in der Avenue de l'Indépendance und vor den Hotels, wo sich Bettler in Scharen auf ihre auserkorenen Opfer stürzen. Bei unserem ersten Besuch in Tana hatte uns diese zur Schau gestellte Bedürftigkeit sehr bedrückt. Inzwischen haben wir den Norden Madagaskars kennengelernt und wissen, daß die meisten Menschen auf dieser Insel zwar in großer Bescheidenheit leben, aber die Bettelei nur dort stattfindet, wo man sich damit ein einträglicheres Einkommen erwartet als durch Arbeit.

Ein blindes Mädchen wird von einem Jungen durch die Menschenmenge geführt. Das Mädchen hält wie die anderen Bettler die Hand ausgestreckt. Ihre zarte Gestalt rührt mich, und sie ist blind. Wie soll sie sich sonst auch ihren Lebensunterhalt verdienen? Ich gebe ihr ein paar Münzen.

Als wir mit frischem Weißbrot aus einer Bäckerei kommen, laufen zwei kleine Kinder auf uns zu und schauen voller Verlangen auf das Brot. Automatisch breche ich es in zwei gleiche Teile und reiche es den kleinen Händen. Ich tat das, ohne nachzudenken, und fühle mich nun etwas überrumpelt. Doch als ich sehe, wie die Kinder das Brot runterschlingen, meine ich, daß es doch richtig war.

Wir gehen zurück in die Bäckerei und versorgen uns noch einmal mit Brot. Wieder auf der Straße, sehen wir, wie größere Jungen den beiden Kindern das Brot wegnehmen wollen. Als sie uns erspähen, eilen die großen Jungen auf uns zu und deuten auf die Brottüte. Doch sie sehen wohlgenährt aus, und wir sagen ihnen, daß sie uns Platz machen sollen, denn sie kleben wie Kletten an uns. Sie lassen von uns ab, aber kurz darauf spüre ich einen harten Schlag am Kopf.

„Sie werfen Steine!" ruft Herbert und schiebt mich besorgt ins nächste Restaurant. Glücklicherweise bin ich nicht verletzt.

Im Lokal lernen wir Klaus, einen deutschen Soziologen mit Nickelbrille, kennen. Er untersucht die sozialen Verhältnisse in Madagaskar für ein zukünftiges Entwicklungsprojekt. Da sind wir ja an den richtigen Mann geraten, und immer noch aufgeregt erzählen wir ihm von dem Vorfall mit den Kindern.

„Diese Bettelei ist inzwischen richtig organisiert", hören wir von ihm. „Sie hat sich zu einem rentablen Berufszweig entwickelt. Für viele Touristen oder Journalisten erscheint das Betteln und der Anblick zerlumpter Kinder als Ausdruck von Armut oder Mißerfolg der sozialistischen Regierung. Aber Betteln ist eine recht bequeme Sache. Mit keinem anderen Beruf kommt man so schnell und leicht zu Geld. Außerdem wissen Fremde nur selten über die einheimische Kaufkraft des Geldes Bescheid und gehen vom eigenen Geldwert aus. Einige dieser ‚armen' Leute haben sich durch das Betteln ein ansehnliches Vermögen geschaffen."

„Und die Kinder? Einige von ihnen scheinen wirklich hungrig zu sein", meint Herbert.

„Sie sind Mittel zum Zweck. Sie werden von ihren Eltern oft in die schäbigsten Kleider gesteckt und teils auch hungrig auf die Straße geschickt. Sobald sie etwas älter sind, finden sie selbst heraus, wie sie bei arglosen Fremden am besten vorgehen müssen, um ihr Mitleid zu erregen. Dabei begreifen die Touristen nicht, daß mit ihren Almosen das herkömmliche Sozialgebäude noch mehr ins Wanken gerät. Die Idee, Geld zu erhalten, ohne dafür arbeiten zu müssen, macht Schule. In den letzten Jahren ist dadurch in Tana die Kriminalität erheblich gestiegen. Jeder, der durch ehrliche Arbeit sein Einkommen verdient, kann Opfer von mafiaähnlichen Banden werden. Vor allem den kleinen Gewerbetreibenden machen sie das Leben schwer."

Klaus ruft den Kellner an den Tisch und bestellt für uns alle noch mal einen Kaffee. Dann deutet er mit dem Kopf zum Nebentisch, an dem zwei Touristen mit zwei einheimischen, schick zurechtgemachten Mädchen sitzen.

„Auch die Prostitution ist bereits ein organisiertes Geschäft. Es ist nicht mehr die alleinige Angelegenheit zwischen dem sich anbietenden Mädchen und dem Interessenten, denn inzwischen haben sich organisierte Beschützer eingeschaltet. Da bleibt den Mädchen von ihrem Liebeslohn nicht mehr viel übrig."

Ich schaue kurz hinüber zum Nebentisch. Die beiden Mädchen, die sich schichtenweise Rouge über die Gesichter gepinselt haben, lächeln den beiden Schweizern zu, die ihre Gläser wieder mit Bier auffüllen. Für die Touristen mag dies ein exotisches Abenteuer sein, eine Abwechslung vom eintönigen Alltag. Doch für die Mädchen sind die Beziehungen zu den europäischen Männern, deren Wesen ihnen im Grunde fremd ist, eine nüchtern betrachtete Einkommensquelle, vielleicht begleitet von dem Traum, der beneidenswerten Lebensart der Europäer eine Spur näherzukommen, als es Büro- oder Ladenmädchen jemals möglich ist.

Für viele Mädchen sind europäische Männer eine nüchtern berechnete Einkommensquelle

Ein neues Pärchen betritt das Restaurant. Er, ein älterer Mann mit Doppelkinn und aufgedunsenem, rotem Gesicht – seiner Sprache nach Franzose –, schiebt seinen dicken Bauch vor sich her. Sie, eine junge vollbusige Madagassin in hautengem Rock, folgt ihm auf hohen Stöckelschuhen. Mit seinen plumpen, kurzen Fingern tätschelt der alte Mann die Hand seiner Begleiterin, die ihm mit verträumten Augen näherrückt.

„Was kann sie bloß an ihm finden?" fragt Herbert erstaunt.

Es ist wahr, dieser Mann dürfte zu Hause kaum von Frauen anziehend gefunden werden.

„Er ist weiß", antwortet Klaus trocken.

Genügt das, um in Madagaskar als begehrenswert zu gelten?

Auf dem höchsten Punkt der Stadt steht der eindrucksvolle „Palast der Königin". Er wurde nach den Plänen und unter der Aufsicht des Franzosen Jean Laborde für Königin Ranavalona Mitte des 19. Jahrhunderts errichtet. Dieser Bau kostete mindestens fünfzehntausend Menschen das Leben. Sie starben vor allem an Unterernährung, denn für ihre Arbeit am Palast erhielten sie weder Geld noch Verpflegung.

In einem der vielen Reiseberichte über Madagaskar, die plötzlich wie Pilze hervorschießen, wird erwähnt, daß dieses Bauwerk an „die glanzvollste Zeit der madagassischen Geschichte erinnert". Dagegen beschreibt die Österreicherin und Weltreisende Ida Pfeiffer in ihrem Buch „Reise nach Madagaskar" (zum erstenmal 1856 erschienen) diese Zeit als eine Periode der Angst und des Schreckens – zumindest für die Bewohner des zentralen Hochlandes. Ida Pfeiffer hatte die grausamen Machenschaften der Regentin hautnah miterlebt.

Auch ich bin der Meinung, daß dieser Abschnitt in der madagassischen Geschichte in keiner Beschreibung Madagaskars fehlen darf, um die Insel und ihre Menschen besser zu verstehen.

Begonnen hat es mit dem Merina-König Andrianampoini, der Anfang des 19. Jahrhunderts als erster Herrscher versuchte, alle Völker Madagaskars in einem Staat zu vereinen. Seine Eroberungszüge wurden von seinem Sohn Radama I., der von 1810 bis 1828 regierte, fortgesetzt. Er besiegte auch große Völker wie die Betsileo und Betsimisaraka, die bis heute in ihrem Herzen diese Unterwerfung den Merina nicht verziehen haben.

Radama zeigte sich den Europäern gegenüber sehr aufgeschlossen und erlaubte den Engländern wie auch den Franzosen, ins Land zu kommen. Radama schickte im Gegenzug madagassische Botschafter nach Europa. Mit der zunehmenden Europäisierung gelang es auch verschiedenen Glaubensvertretern, ihre Missionstätigkeiten auf der Insel durchzuführen und auszuweiten. Mit dem Einfluß der Europäer nistete sich westlich-logisches Denken und das Streben nach materiellen Sicherheiten in den Köpfen der Madagassen ein. Nur vom Straßenbau wollte Radama nichts wissen. Er war der Ansicht, daß schlechte Verbindungen der beste Schutz gegen feindliche Eindringlinge seien.

Dieser Ansicht war auch Ranavalona, die erste Frau Radamas. Es war aber wohl das einzige, was sie nach Radamas frühem Tod als seine Nachfolgerin beibehielt. Sie war eine dicke, matronenhafte Frau, und als sie den Thron bestieg, begann sich vieles zu ändern. Zuerst einmal ließ sie alle Familienmitglieder, die ihr hätten gefährlich werden können, aus dem Weg räumen und zeigte von Anfang an, daß sie keine zartbesaitete Natur war. Alle Europäer mußten das Land verlassen (auch Jean Laborde, nachdem er ihr den schönen Palast gebaut hatte), Missionare und einheimische Christen wurden verfolgt. So sehr Ranavalona auch gegen die Europäer eingestellt war, so gerne umgab sie sich mit europäisch-höfischer Etikette. Auch europäisches Zoll- und Polizeiwesen übernahm sie.

Ranavalona entwickelte sich schnell zur gnadenlosen Tyrannin. Wurde ein Untertan, der nicht zum Adel gehörte, durch eigene Verdienste reich, wurden so hohe Abgaben von ihm gefordert, daß er bald alles verlor. Damals mag sich das Denken eingeprägt haben: Wozu sich überarbeiten, wenn einem am Ende doch nichts bleibt? Vielleicht wurde damals auch der Samen zu Gleichgültigkeit und Resignation gesät, Charaktereigenschaften, denen wir in Madagaskar immer wieder begegnet sind.

Ida Pfeiffer erwähnt auch, daß „die Bevölkerung gerne dem Trunke zusprach“ und „ausschweifende Feste mit Musik und Tanz“ feierte. Wohl verständlich, sich in Betäubung zu flüchten, um Trostlosigkeit und Hunger zu vergessen.

Bei der Bestrafung von Gefangenen, Verbrechern oder Christen schienen den Grausamkeiten der Königin, die mehr als dreißig Jahre regierte, keine Grenzen gesetzt zu sein. Selbst Diebstahl wurde mit dem Tode bestraft. Die meisten Hinrichtungen fanden öffentlich statt, und oft wurde die Bevölkerung gezwungen, zuzusehen.

Die Verurteilten wurden in Gruben gestoßen und mit heißem Wasser oder Teer übergossen. Andere wurden verbrannt oder zu Tode geprügelt. Ida Pfeiffer wurde Zeugin, wie einer alten Frau, einer Christin, auf dem Marktplatz das Rückgrat durchgesägt wurde. Ein besonders grausames Todesurteil: Man nähte den Verurteilten in eine Palmenmatte so ein, daß nur der Kopf freiblieb und er bei lebendigem Leibe verfaulte. Beliebt war auch das „Gottesurteil". Die geringste Beschuldigung genügte bereits, um den Betroffenen einer Giftprobe zu unterziehen. Starb der Angeklagte, war er schuldig. Überlebte er, war er unschuldig.

Denunziationen förderten das Mißtrauen unter der Bevölkerung, und vor allem die Küstenbewohner haben dies bis zum heutigen Tag gegenüber den Merina bewahrt. Auch wir waren im Norden oder an der Küstenregion immer wieder von Einheimischen vor den „unehrlichen, lügenerzählenden, listigen und unfreundlichen Menschen in Tana" gewarnt worden.

Zwar ließ die Königin Hexen und Zauberer verfolgen, sie selbst aber machte sich total vom Sikidi-Orakel abhängig und umgab sich mit Sikidi-Wahrsagern. Das Sikidi wird auch heute noch angewandt, um die Gründe bei einer Krankheit sowie deren Heilung zu erkennen, die Zukunft vorauszusagen oder um zu erfahren, ob die Wahl des Ehepartners günstig ist. Dabei wird eine gewisse Anzahl von Bohnen, kleinen Steinchen oder Hölzchen auf den Boden geworfen und aus den sich ergebenden Figuren die jeweilige Situation herausgelesen.

Bei den Kriegen, die Ranavalona führte, starben mehr Soldaten während des Anmarsches an Schwäche, da sie keine Nahrungsmittel erhielten, als im Kampf. Besser als Soldaten und Bauern hatten es die Sklaven, die mehr als Hausgenossen betrachtet wurden. Sie wurden meist gut behandelt, erhielten Kleidung und Nahrung, damit sie keinen Grund hatten, wegzulaufen.

Allgemein wurde unter Ranavalona ein Klima der Angst erzeugt, das durch die französischen Kolonialherren weiter bestehen blieb.

Besondere Brutalität wurde dem französischen Gouverneur Gallieni nachgesagt. Dieser ging gnadenlos mit den Bewohnern des südlichen Madagaskars um, wo der stärkste Widerstand gegen die Fremdbestimmung herrschte. Nur ein Verdacht genügte, um ganze Dörfer niederzubrennen und massenweise Hinrichtungen vorzunehmen. Seiner „Pazifikation", wie er seine Aufräumaktionen nannte, fielen bestimmt mehr Menschen zum Opfer als dem unersättlichen Blutdurst der Königin Ranavalona.

Obwohl heute die Madagassen mehr Freiheiten und persönliche Entwicklungsmöglichkeiten besitzen als in diesen bedrückenden Jahren, macht sich doch eine Atmosphäre der Unzufriedenheit unter der Bevölkerung breit. Immer wieder bekommen wir zu hören: „Euch geht es gut. Uns geht es schlecht. Ihr habt es viel besser."

Im Goethe-Café lernen wir Maurice kennen. Er ist Lehrer in Tana und spricht etwas Deutsch. Er ist ein gepflegt aussehender junger Mann mit einem glatten, angenehmen Äußeren und europäischen Manieren. Anfangs zeigt er sich schüchtern, bescheiden, liebenswürdig.

„Wie lange sind Sie schon in Madagaskar?" stellt er die üblichen Fragen. „Gefällt es Ihnen hier?" Und er erzählt von seinen deutschen Freunden in Tana, die er im Goethe-Institut kennengelernt hat, das inzwischen geschlossen worden ist.

Herbert und ich sind vom Rumlaufen müde, bezahlen auch den Kaffee von Maurice und wollen zurück zum Hotel. Doch so schnell will uns der junge Madagasse nicht ziehen lassen.

„Wissen Sie schon, wo Sie am Abend essen werden?" fragt er ganz nebenbei.

„Wir gehen wohl wieder in dieses kleine chinesische Lokal von gestern abend", antwortet Herbert.

Da rümpft Maurice die Nase.

„Das würde ich an Ihrer Stelle nicht tun", meint er. „Die Chinesen geben auch Hunde- und Katzenfleisch ins Essen." Herbert und ich sehen uns belustigt an.

Maurice nimmt einen neuen Anlauf und kommt endlich zur Sache: „Ich kenne ein gutes Restaurant, wo man gute Steaks bekommt. Wir könnten zusammen hingehen." Er will also fein speisen und natürlich eingeladen werden.

„Und wie heißt das Restaurant?" frage ich neugierig.

„Ich meine das Restaurant vom Hotel Colbert."

Ich halte kurz die Luft an. Also oberste Klasse!

„Um ehrlich zu sein", sage ich, „wir mögen lieber einfaches chinesisches oder madagassisches Essen. Tut uns leid, Maurice, aber wir sind nicht nach Madagaskar gekommen, um vornehm zu speisen."

Maurice macht uns noch einmal auf zerschnippeltes Hundefleisch aufmerksam. Er nervt uns.

„Wir haben gar nichts gegen Hund, wenn er gut gewürzt ist", versucht Herbert ihn auf scherzende Art loszuwerden.

Maurice schaut uns verunsichert an. Er ist wohl im Zweifel, ob wir Barbaren sind oder nicht. Für gewöhnlich sind Madagassen sehr empfänglich für Scherze, aber Maurice eifert so verbissen „guten" westlichen Manieren nach, daß er den natürlichen Sinn für Humor und Wahrheit wohl schon verloren hat.

Wir stehen bereits auf der Avenue de l'Indépendance und wollen uns endgültig von Maurice verabschieden, als er frei heraus fragt, ob wir nicht eine Uhr oder eine Rodenstock-Sonnenbrille für ihn hätten. Es könne auch Geld sein."

Wir schauen ihn erst verdutzt, dann verärgert an. Während wir uns noch eine Antwort überlegen, meint der junge Mann arrogant: „Das ist doch gar nichts für Sie. Geld spielt doch für Sie keine Rolle. Wir dagegen sind arme Menschen."

Ob wir diesen Ohrwurm in Madagaskar jemals loswerden? Wir sind zu müde, um Maurice seine Illusionen über das europäische Leben zu rauben. Wir nicken ihm noch einmal zu. Maurice bleibt mit zorniger Miene zurück.

„Vielleicht will die junge Generation jetzt alles nachholen, was die Alten entbehren mußten", meint Herbert.

Ich bin betroffen über die Anmaßung des jungen Mannes und enttäuscht. Es ist kein angenehmes Gefühl, nicht als Mensch, sondern als Geld- oder Geschenkautomat betrachtet zu werden. Filme, Videofilme, Illustrierte aus dem Westen von meist zweifelhafter Qualität erwecken Wunschträume bei den jungen Leuten in den von uns als „unterentwickelt" bezeichneten Ländern. Daß die Wirklichkeit anders aussieht, wollen sie nicht hören und nicht glauben. Es ist, als würden sie einen Schutzwall um ihre Seifenblasenträume bauen, damit sie ja nicht zerstört werden.

Der Einbruch und die rasche Ausbreitung des westlich orientierten Lebensstils haben ihre herkömmliche Kultur aus der Verankerung gerissen. Die jungen Menschen, noch nicht in sich gefestigt, leiden am meisten unter den aufeinanderprallenden Gegensätzen. Zwar lehnen sie die „rückständige Welt" ihrer Väter und Großväter trotzig ab und laufen kritiklos den modernen Strömungen hinterher, aber die neuen Lebenswerte sind ihnen andererseits fremd. Auf der Suche nach einer neuen Identität geraten viele junge Menschen in die Anonymität der Städte, wo sie mit zunehmender Unsicherheit und hartem Existenzkampf konfrontiert werden. Große Hoffnungen zerbröckeln. Zurück bleibt Enttäuschung, innere Zerrissenheit oder aufgestaute Aggression. Vom Gleichmut ihrer Väter und Großväter sind sie weiter entfernt als je eine Generation vor ihnen.

Uns fällt ein, daß wir im Warenhaus noch ein paar Besorgungen machen müssen: Seife, Zahnpasta, Rauchspiralen gegen Moskitos, Mineralwasser, Joghurt, und dann entdecken wir noch Ansichtskarten. Vor uns an der Kasse häuft eine pummelige, westlich gekleidete Madagassin unzählige Plastikspielsachen auf den Kassentisch. Ohne mit der Wimper zu zucken, bezahlt sie für diesen Kitsch umgerechnet etwa vierhundert deutsche Mark!

Noch bevor wir den Ausgang erreichen, kommt uns ein junger Mann nachgelaufen. Höflich überreicht er mir einen Geldschein, den ich beim Bezahlen verloren habe. Überrascht bedanke ich mich bei dem ehrlichen Finder. Ich bin wieder versöhnt mit Madagaskar.

Unser Zimmer im Hotel Terminus ist zwar preiswert und sauber, aber die Fenster liegen an der Avenue de l'Indépendance, und schon sehr früh am Morgen werden wir durch lauten Straßenlärm geweckt, durch Zurufe, Räderquietschen, Wagenknarren und sonstigen Spektakel.

Herbert öffnet verschlafen ein Auge und murmelt: „Stimmt ja, heute ist Zooma."

Der Zooma, das ist der Freitagsmarkt in Tana und angeblich der größte Markt südlich des Äquators. Nach dem Frühstück schauen

Zooma, der Freitagsmarkt in Tanu

wir ihn uns näher an. Von überall strömen Menschen, beladen mit Taschen und Körben, herbei, um zu verkaufen, einzutauschen oder sich mit Vorräten zu versorgen. Unzählige Kleinstunternehmer haben bis in die letzte Ecke und auf engstem Raum ihr Warensortiment ausgebreitet. Verkauft wird vieles, was bei uns schon längst auf dem Müll gelandet wäre. Verbogene Löffel und Drähte, leere Flaschen und Konservendosen, rostige Nägel und Schrauben, Haken, Schaufeln, Klammern, alte Radio- und Autoteile, zerschnittene Gummireifen, Glühbirnen, ausgetretene Schuhe, gebrauchte Büstenhalter. Es gibt nichts, was nicht noch einmal Verwendung findet. Recycling ist in Madagaskar ganz normal.

Eine alte Frau verkauft Antibiotika-Tabletten, deren Haltbarkeitsdatum schon vor fünf Jahren abgelaufen ist, Aspirin-Tabletten, die einzeln erstanden werden können, und auf einem geblümten Tuch liegen staubige Gewürznelken und Pfefferschoten. Gut gehen die Geschäfte mit Joghurt, Fruchtsäften, Waffeln und

Gebäck. Eine wahre Augenfreude ist der Blumen- und Obstmarkt. Und in den Gängen unter den Arkaden stapeln sich Korbwaren und Souvenirs aus Holz und Leder.

Dieses wirre, bunte Gewühle zieht nicht nur Touristen, sondern auch Taschendiebe an wie das Licht die Motten. Eine hellblonde Touristin schreit auf und greift an ihren Hals.

„Meine Kette!" ruft sie. „Meine Goldkette ist weg!" Und mit dieser auch der Dieb.

In all diesem Chaos bilden sich bei den Bushaltestellen sittsame Menschenreihen. Doch betrachtet man die gelangweilten Gesichter der wartenden Fahrgäste, scheint die strenge Disziplin keinem von Herzen zu kommen.

In einer ruhigen Seitengasse spielen ein paar Mädchen Seilhüpfen. Verdutzt bleibe ich stehen und zupfe Herbert am Ärmel: „Das eine Mädchen – da drüben –, es hat mich gestern als Blinde angebettelt!" Natürlich ärgere ich mich, aber gleichzeitig empfinde ich Mitleid mit dem Mädchen, das schon so früh gelernt hat, andere zu betrügen und zu täuschen.

Als wir ins Hotel zurückkehren, haben sich zwei junge Frauen mit ihren Kindern vor der Glastür niedergelassen. Sie sind in erbärmliche Lumpen gehüllt, doch sie sehen gesund und kräftig aus. Wir wollen das Hotel betreten, da springen die Frauen und Kinder auf und versperren uns breitbeinig den Weg. Mit fordernden Gebärden halten sie uns ihre geöffneten Hände entgegen. Als wir uns an ihnen vorbeidrücken wollen, zerren sie an unseren Kleidern. Mißgestimmt befreien wir uns.

Wir stehen noch am Empfang und warten auf unseren Zimmerschlüssel, als wir ein unangenehmes Gefühl im Rücken spüren. Herbert und ich drehen uns gleichzeitig um. Die beiden Frauen haben die Glastür aufgestoßen und beschimpfen uns lautstark. Ihre Augen funkeln wütend. Es ist, als würden sie Feuer speien. Unter diesem Schwall von Haß und Wut muß ich unwillkürlich denken: Solche Blicke sind fähig zu töten.

Deprimiert steigen wir hinauf in unser Zimmer. Wir haben nur das eine Bedürfnis, uns vom Tumult der Stadt zu erholen. Es vergeht kaum eine Stunde, als Herbert plötzlich aufspringt und aufs

WC stürzt. Ich höre, wie er schrecklich würgt und sich übergibt. Kaum legt er sich bleich und grün im Gesicht aufs Bett, spüre ich, wie mir auf einmal hundeübel wird. Mein Magen hebt sich – ich schaffe es gerade noch zum Waschbecken. Den restlichen Tag verbringen wir abwechselnd mit Erbrechen und Durchfall. Dabei waren wir schon stolz darauf, daß wir die Reise bisher gesundheitlich so gut überstanden haben. Doch nun hat es uns böse erwischt.

Erst am nächsten Mittag erwachen unsere Lebensgeister wieder, und mit großer Kraftanstrengung packen wir die Rucksäcke, um den Zug nach Antsirabe noch zu erreichen. Zum Glück ist der Bahnhof gleich gegenüber. Unerwartet schnell bekommen wir die Zugtickets, und wir setzen uns in den noch fast leeren Waggon. Schon wieder völlig erschöpft, lassen wir uns auf die Bank fallen. Herbert und ich sehen uns schmunzelnd an. Wir machen beide keinen taufrischen Eindruck.

„Die beiden Frauen – hast du auch schon gedacht, was ich gedacht habe?" fragt Herbert leise.

„Weil sie uns so bitterböse angefunkelt haben, meinst du das?"

„Vielleicht haben sie etwas mit unserer miesen Verfassung zu tun. Ich meine, weil es uns gleichzeitig so schlimm erwischt hat."

„Ich habe zwar noch nie so böse Augen gesehen, aber sicher haben wir nur etwas gegessen, das uns nicht bekommen ist", sage ich vorsichtig.

Herbert, noch immer bleich im Gesicht, lehnt sich zurück. „Ja, das wird es wohl sein."

Dann, nach einer kurzen Pause: „Aber daß wir gleichzeitig so heftig ..."

„Ja, komisch ist es schon", gebe ich zu. „Du glaubst, daß sie uns richtig verwünscht haben, so wie es Michael passiert ist?"

Herbert kratzt sich am Hinterkopf. „Na ja, möglich wäre es schon. Du hast doch auch ihre Augen gesehen."

Herbert ist als Therapeut in einem sozialpsychiatrischen Zentrum im Umgang mit seinen Patienten auf die Kraft von Gedanken und Visualisierungen aufmerksam geworden. Den Niederschlag von Depressionen oder Aggressionen bekommt er täglich zu spüren. Aber auch ich habe auf meinen Reisen im Kontakt mit asiatischen oder afrikanischen Menschen, deren Denken andere Wege geht als die eines rational ausgerichteten Europäers, immer wieder erfahren, welch gewaltige Kraft Gedanken besitzen. Die Anwendung der Gedankenkraft ist in fast allen nichteuropäischen Kulturen noch gang und gäbe. Und je nach Charakter und Motivation der ausübenden Person wird diese Energie für heilsame oder zerstörerische Zwecke benutzt. Es ist der Umgang mit einer Energieform, die nun auch im Westen seit einigen Jahren aufgrund des steigenden Interesses an esoterischen Wissenschaften immer mehr an Bedeutung gewinnt.

Ich muß an Michael denken, der von seiner Frau den Rat erhielt: „Versuche mit allen Menschen und auch mit dir selbst auszukommen, dann kann dir nicht viel geschehen." Waren wir verwundbar gewesen, weil wir uns über die Frauen geärgert haben? Wären wir verschont geblieben, hätten wir statt dessen Verständnis und Mitgefühl empfunden?

Menschen im Süden

DER SÜDEN

Mit dem Zug nach Antsirabe und kein totes Gestein

Nach und nach füllt sich der Waggon. Gedränge gibt es aber keines. Uns gegenüber haben zwei Damen Platz genommen. Die eine mag etwa fünfzig Jahre alt sein, sie ist hager mit streng zurückgekämmten und zu einem Knoten gebundenen Haaren. Um ihre Schultern liegt ein feingewebtes, vornehmes Spitzentuch. Sie nickt uns höflich mit schmalen Lippen zu. Die andere ist gewiß etliche Jahre jünger. Ihre Haare sind zu kleinen Zöpfchen geflochten, die im Nacken von einem weißen Band zusammengehalten werden. Ihre Backenknochen sind stark ausgeprägt, ihre Körperformen sanft gerundet und ihre dunkelbraunen Augen voller Wärme und Humor. Die ganze Frau strahlt gesunde Lebensfreude aus. Sie trägt eine grüne Leinenbluse und den traditionellen Wickelrock. Als sie uns zulacht, entblößen sich zwei Reihen perlweißer, unbeschädigter Zähne. Vom ersten Augenkontakt an spüre ich gegenseitige Sympathie zwischen ihr und mir. Ich mag ihr offenes, weiches Lachen.

Neben uns haben es sich drei junge Männer mit Schirmmützen und poppigen T-Shirts bequem gemacht. Einer von ihnen hat ein Comic-Heft ausgepackt, und die beiden anderen lesen mit. An witzigen Stellen lachen sie gleichzeitig auf. Comics scheinen die beliebteste Leselektüre in Madagaskar zu sein. Von „Donald Duck" bis „Condorman" finden die abenteuerlichen oder grotesken Bildfortsetzungen mit den schlichten Texten reißenden Absatz.

Zu den drei Comics-Lesern hat sich noch ein behäbig wirkender Mann dazugesetzt. Auf seinem Kopf trägt er eine gehäkelte Haube aus rosa Wolle, und auf seinem Schoß hält er ein großes Kofferradio im Partnerlook. Ich traue kaum meinen Augen, als ich das rosa Mäntelchen sehe, mit dem das Radio umwickelt ist. Es ist aus der gleichen Wolle wie die Kopfbedeckung des Mannes. Fürsorglicher kann man wohl kaum sein Radiogerät behandeln. Natürlich hält der Mann das Gerät nicht nur zur Dekoration auf seinem Schoß. Während er das Ohr an den Lautsprecher legt, dreht er mit der Hand an dem Programmwählknopf. Endlich findet er Musik, die ihm gefällt, eine Art Blasmusik, wie ich sie von Österreich her kenne.

Ein Ruck geht durch den Waggon, der Zug fährt langsam an. Wir rollen vorbei an einem dicht verbauten Stadtgebiet und an Elendsvierteln, bevor die ersten grünen Hügel vor dem Zugfenster ineinanderlaufen. In den Talsohlen glitzern bewässerte Felder, und von den sanften Hängen leuchtet im grellen Mittagslicht das frische Grün der Reissetzlinge. Auf saftigen Weiden grasen fette Zeburinder, und wenn die rote, laterithaltige Erde nicht wäre, könnte man meinen, wir führen durch österreichisches Voralpenland. Erdrot und Ocker sind auch die Farben der Häuser, die in kleinen Gruppen auf mildgeformten Hügelkuppen stehen.

An den vielen Zugstationen strecken uns Dutzende Hände Früchte, gebackene Teigfladen, Erdnüsse und in Tomatensauce gekochte Hühnerteilchen entgegen. Die uns gegenüber sitzenden Frauen kaufen Cherimoyas, Früchte, die ein cremiges, durststillendes Fruchtfleisch enthalten. Sie gehören zu unseren Lieblingsfrüchten. Doch als uns unsere Mitfahrerinnen davon anbieten, müssen wir ablehnen. Uns fehlt noch jeglicher Appetit.

Plötzlich erschallt lautes Singen. Wir drehen uns um. Hinter uns sitzen vier Frauen mit je einem Gesangbuch auf den Knien. Als wären sie in der Kirche, so andächtig sind sie in ihren Gesang vertieft. Ihre Stimmen sind absolut raumfüllend. Der Mann mit der rosa Haube schmollt über die Konkurrenz und dreht seine Radiomusik lauter. Das nehmen die singenden Frauen nicht so einfach hin, und auch sie verstärken ihren Gesang, der nun seinerseits die Blasmusik übertönt. Der Mann seufzt und dreht schließlich resigniert den Ton ab. Herbert ist inzwischen eingeschlafen, doch die Frau mit der grünen Leinenbluse und ich können uns ein Lachen nicht verkneifen, ein Anlaß, um mit der sympathischen Frau ins Gespräch zu kommen. Sie heißt Marie-Christina, ist vierzig Jahre alt, Lehrerin in einer Grundschule und Mutter von acht Kindern.

„Ist das nicht zuviel – Haushalt, acht Kinder und Beruf?" frage ich erstaunt.

„Nein, das ist kein Problem", antwortet sie belustigt. „Die zwei älteren Mädchen sind bereits verheiratet. Und drei der Mädchen helfen kräftig im Haushalt mit."

„Haben Sie auch Söhne?"

„Nein, nur Mädchen."

„Acht Mädchen! Ist Ihr Mann darüber nicht unzufrieden? Hätte er nicht lieber auch einen Sohn gehabt?" frage ich und denke an andere Kulturkreise, in denen die Männer erst ihr Glück mit der Geburt eines Sohnes vollendet sehen.

Marie-Christina schmunzelt: „Er mag die Mädchen sehr. Jedes einzelne. Von ihm sind sechs der Mädchen. Zwei habe ich in die Ehe mitgebracht."

„Behandelt Ihr Mann Ihre ersten beiden Mädchen genauso wie seine eigenen?"

„Natürlich, er hat sie alle gern. Kinder sind doch unser größter Reichtum."

„Auch wenn es nicht die eigenen sind?"

„Was macht das denn für einen Unterschied?" fragt Marie-Christina verschmitzt.

„Und was ist, wenn sich eine Frau mit ihrem Mann nicht versteht. Kann sie sich dann scheiden lassen?" frage ich neugierig weiter.

„Auf offizielle Hochzeiten und Scheidungen wird bei uns nicht viel Wert gelegt. Aber ich weiß, daß ihr in Europa das tut. Der Missionar in unserer Kirche sagt immer, wir hätten liederliche Sitten. Doch bei uns ist es nun mal üblich, daß jeder, der sich vom Ehepartner trennen will, einfach auszieht."

„Und wohin geht die Frau, wenn sie sich trennen will?"

„Sie kann allein mit ihren Kindern leben, zu ihren Eltern zurückkehren oder zu einem anderen Mann ziehen. Ich habe eine Schwester, die hat elf Kinder. Sie lebt nun wieder bei unseren Eltern."

„Ist das nicht eine zu große Belastung für Ihre Eltern?" frage ich.
„Warum? Im Gegenteil. Mit so vielen Händen ist die Feldarbeit schneller getan."
„Aber es müssen doch auch mehr Menschen ernährt werden."
„Es kommt natürlich darauf an, wie reich oder arm die Familie ist, aber eigentlich ist das kein Problem. Viele junge Menschen ziehen jetzt sowieso in die Städte."
„Haben Sie viele Geschwister?"
„Zwölf. Sechs Schwestern und sechs Brüder."
„Und die haben wohl auch so viele Kinder?"
Marie-Christina kichert. „Ja, fast alle. In Madagaskar ist es normal, zehn bis vierzehn Kinder zu haben. Acht Kinder sind das wenigste. Nur meine Schwestern in Tana – ich habe sie gerade besucht –, sie wollen nicht mehr so viele Kinder. Eine hat zwei, die andere drei Kinder. Meine Schwestern sind in der Stadt richtige Egoisten geworden. Aber das Leben in Tana ist auch teuer. – Und wie viele Kinder haben Sie?"
Nun, diese Frage an mich mußte natürlich kommen. Keine Kinder zu haben wird in kinderreichen Ländern meist abwertend betrachtet. Oft denke ich mir deshalb Geschichten aus, die ich mehr oder weniger phantasievoll ausschmücke. Einmal habe ich zwei, das nächste mal vier oder gar sechs Kinder. Je nach Kulturkreis sind es einmal mehr Jungen, das andere Mal wieder mehr Mädchen. Ich bin da recht beweglich. Als ich noch jünger war, ließ ich meine erfundenen Kinder bei meinen Eltern wohnen. Oder ich hatte einen imaginären Ehemann, der mit unseren Kindern in der nächsten größeren Stadt auf mich wartete. Nun lasse ich die Kinder meistens studieren und ihr eigenes Leben leben. Das Alter könnten sie erreicht haben. Aber bei Marie-Christina will ich ehrlich sein.
„Ich habe keine Kinder."
Diese Antwort fällt schon etwas schwer, wenn die Fragende mit acht Kindern und Dutzenden von Nichten und Neffen aufwarten kann.
„Dann sind Sie eine sehr große Egoistin." Das Wort scheint Marie-Christina zu gefallen, doch sie lacht dabei versöhnlich.

Die Lehm- und Ziegelhäuser des Hochlandes stehen oft in kleinen Gruppen auf sanften Hügelkuppen

„Ja, wahrscheinlich", antworte ich ein wenig nachdenklich.
Irgendwie sind die Jahre verflogen. Seit zwölf Jahren bin ich fast immer unterwegs, und plötzlich bin ich zweiundvierzig Jahre alt und begreife, daß es für Kinder zu spät ist. Da schwingt schon ein klein wenig Bedauern mit. Aber Marie-Christina erwartet weder eine Entschuldigung noch eine philosophische Erklärung von mir.

Nachdem es auch auf dieser Strecke kaum noch Wald gibt und die Kühe viel Weideland brauchen, erzähle ich den beiden Frauen von den „Bonsai-Kühen", Produkten der Gentechnik. Diese Kühe erreichen nur noch die Größe eines Schafes, haben aber einen Rieseneuter und geben vier bis sechs Liter Milch pro Tag. In den Augen der Züchter sind sie sehr wirtschaftlich, da sie nicht viel Weideland benötigen. Nur darf das Gras nicht zu hoch werden, sonst muß man die Kühchen erst suchen gehen. Ich habe darüber einen langen Zeitungsbericht gelesen, den ich schockierend, aber auch ungemein interessant fand. Jetzt kommen mir diese Zwergkühe wieder in den Sinn.

„Solche Mini-Kühe wären doch ein Segen für Madagaskar", meine ich, „dann müßte nicht mehr so viel Wald abgebrannt werden."

Die hagere Frau sieht mich stumm an, als zweifle sie an meinem Verstand. Dagegen schlägt Marie-Christina pustend vor Lachen ihre Hand auf mein Knie.

„Du kannst komische Sachen erzählen!"

Nun, zumindest hat diese Geschichte uns ein vertrauliches Du eingebracht.

Drei Stationen vor Antsirabe verläßt Marie-Christina den Zug. Als sie mit ihrem mitreißenden Lachen am Bahnsteig zurückbleibt, empfinde ich das plötzliche Fehlen ihrer sprudelnden Lebendigkeit als Leere in meinem Herzen.

Ankunft in Antsirabe. Es ist sieben Uhr abends und der Tropenzone gemäß bereits dunkel. Beim Verlassen des Bahnsteigs werden die Fahrkarten kontrolliert. Natürlich weiß ich nicht mehr, wo ich meine hingesteckt habe. Bis ich endlich alle Taschen durchgesucht habe, müssen die Nachkommenden warten, doch die sind sehr geduldig. Na also, da ist ja das Ticket!

Herbert und ich müssen uns mit den anderen Fahrgästen durch ein enges Menschenspalier zwängen. Was wollen nur all diese Leute hier?

Die Ankunft des Zuges aus Tana muß wohl zu den wichtigsten Ereignissen im Leben der Bewohner von Antsirabe zählen. Ein paar Männer rufen uns etwas zu, deuten auf sich. Vor dem Bahnhofsgebäude wissen wir, um was es geht. Eine Mauer aus bestimmt hundert Pousse-Pousse-Wagen hat sich davor gebildet, alle warten ineinander verkeilt auf Kundschaft. Wir entscheiden uns willkürlich für zwei der auf uns zustürzenden Pousse-Pousse-Fahrer und mieten uns in der Pension Trianon ein.

Nachts lassen wir das Fenster weit offen. Die Kolonialisten bevorzugten Antsirabe als Höhenkurort. Auch wir hoffen, uns in der frischen, gesunden Luft des Hochlandes, die kühl ins Zimmer hereinstreicht, zu erholen. Und am nächsten Morgen haben sich unsere Mägen tatsächlich beruhigt.

Nach dem Frühstück entdecken wir in der Pension ausgestellte Halbedelsteine. Das madagassische Hochplateau ist berühmt für das vielfältige Vorkommen an Mineralien. In den Vitrinen liegen die geschliffenen Schmucksteine in den herrlichsten Farben, auch größere Gesteinsbrocken mit harmonisch abgestimmten Mustern und durchzogenen Linien.

Herbert beschäftigt sich seit einiger Zeit mit Kristallen, ihren Eigenschaften und Heilwirkungen, die sie besitzen sollen. Er nimmt verschiedene Steine in die Hand, tastet sie mit seinen Fingern ab. Es ist, als würde er jeden einzelnen liebkosen. Ich sehe ihn erstaunt an.

„Das ist kein totes Gestein", versucht er mir zu erklären. „Jeder Stein hat sein eigenes Wesen und seine eigene Ausstrahlung. Ich versuche herauszufinden, wie jeder einzelne auf mich wirkt und wie er mit mir harmoniert."

Ich nehme den nächstbesten Stein in die Hand. „Ich spüre gar nichts dabei", ist mein Kommentar.

„Dann ist es der falsche Stein."

„Und wie suchst du die Steine aus?"

Herbert lacht in seiner ruhigen Art. „Eigentlich suche nicht ich die Steine aus, sondern sie suchen mich aus."

„Bist du da sicher?" frage ich etwas skeptisch.

„Du mußt dich ein bißchen mehr auf die Steine konzentrieren, dann merkst du, daß dich manche Steine anziehen und andere nicht. Aber geh nicht allein davon aus, ob dir die Farbe oder die Form gefällt, sondern versuche das gesamte Wesen des Steins zu spüren. – Na, versuche es doch", ermuntert er mich, als er meinen zweifelnden Blick sieht. „Kristalle sprechen ihre eigene Sprache. Du mußt nur zuhören können."

Ich gehe ein paarmal das Regal auf und ab und sehe sie mir genauer an: violette Amethyste, dunkelgrüne Turmaline, rote Granate, rosarote Rosenquarze, glasklare Bergkristalle, braungraue Rauchquarze, gelbe Berylle und viele andere mehr. Ich bemerke, daß ich vor einem Rauchquarz und einem Turmalin jedesmal länger stehenbleibe. Ich nehme die beiden aus dem Regal.

„Nimm nur einen Stein in die Hand", rät mir Herbert, und ich greife zuerst nach dem Turmalin. „Nun versuche ihn auch mit der anderen Handfläche zu spüren."

Ich nehme den Stein einmal in die rechte, dann in die linke Hand und bewege jeweils die Handfläche der freien Hand in verschiedenen Abständen auf den Stein zu. Ich meine, bei einer gewissen Entfernung einen geringen Widerstand oder ein leichtes Ziehen zu spüren, je nachdem von welcher Seite ich den Stein halte. Dann probiere ich dasselbe mit dem Rauchquarz, einem Stein so groß wie meine Faust. Ich habe ihn noch kaum ergriffen, als ich auch schon das Gefühl habe, als mache er sich selbständig. Er wird von der anderen Handfläche angezogen wie ein Magnet. Diese Kraft ist ja unglaublich!

Verdutzt versuche ich es noch einmal und packe den Rauchquarz nun fester an. Da spüre ich ein Kribbeln in meinen Fingern und wieder den Drang des Steines, sich vorwärts zu bewegen. Es ist eine Kraft, die ich nicht kenne, und ich weiß nicht, wie ich damit umgehen soll. Und so stelle ich die Steine wieder ins Regal.

„Fühlst du dich nicht gut damit?" fragt Herbert.

„Ich weiß nicht, es ist so neu für mich. – Sag mal, wenn manche Steine eine solche Kraft besitzen, dann wundere ich mich, daß sie so still im Regal stehenbleiben."

Herbert schmunzelt. „Aktiv werden sie doch nur durch die Berührung mit Menschen. Es ist praktisch deine eigene Energie, die du spürst, die jedoch durch den Kristall verstärkt wird."

Als wir vor das Haus treten, kommen zwei Pousse-Pousse-Wägelchen auf uns zu.

„Das sind doch die beiden Männer, die uns gestern vom Bahnhof hergebracht haben!" meint Herbert erstaunt. „Bestimmt warten sie schon den ganzen Morgen auf uns."

Ist es so schwierig in Antsirabe, Kundschaft zu finden, oder erhoffen die Männer sich von den Fremden ein größeres Einkommen? Da Pousse-Pousse-Fahren eine angenehme Art ist, einen

Marktfrau in Antsirabe

Ort kennenzulernen, und wir gleichzeitig ein wenig zum Tagesverdienst der Männer beitragen, sind wir mit einer Spazierfahrt einverstanden und lassen uns die Stadt zeigen.

Antsirabe ist auch wegen seiner Thermalquellen bekannt. Der Park, in dem das Kurhaus steht, ist von der langen Trockenzeit ausgedorrt. Die Regenwolken, die Tana kürzlich ein paar Regengüsse beschert haben, sind wohl nicht bis Antsirabe gezogen. Die Pousse-Pousse-Männer fahren uns vor ein kleines, versperrtes Häuschen, in dem man Thermalwasser trinken kann, wie sie sagen. Ein junger Mann taucht von irgendwoher auf und öffnet das Tor. In dem kahlen Raum befindet sich ein großes Steinbecken, aus dessen Mitte ein Wasserstrahl emporspringt. Der junge Mann zeigt uns mit Gesten, daß wir davon trinken sollen. Er macht uns aber nicht vor, wie man an den Wasserstrahl herankommt, und wir selbst finden nicht heraus, wie wir das gesunde Naß auffangen könnten, ohne ins Becken hineinzufallen. Also bedanken wir uns etwas verlegen und rumpeln mit den Wägelchen weiter über schmale, steinige Wege und staubige Gassen.

Hinter dem Bahnhof erstreckt sich der „Parc de l'Est", der Ostpark. Zu Fuß steigen wir die sanfte Anhöhe hinauf. Die Nadelbäume in dem stark ausgeholzten Wald sind ihrer Äste bis auf eine kleine Krone beraubt. Alle Baumstämme sind entweder mit der Hacke beschädigt oder angesengt worden. Auf diese Weise muß man keinen Baum fällen, er stirbt von alleine ab, und man braucht nur zu warten, bis er umfällt. Wahrscheinlich ist auch hier das Baumfällen verboten, aber wo die Brennstoffquelle so nahe liegt, geht wohl kein Madagasse daran vorbei. Nun, sie sind listig genug, um zu wissen, wie man das Gesetz umgeht.

Plötzlich tauchen fünf Buben im Alter von etwa zehn bis vierzehn Jahren vor uns auf. Der Größte schwingt sorglos eine Axt in der Hand. Gemeinsam suchen sie die Bäume ab, von denen noch Äste oder etwas Rinde zu holen ist. Ungeniert winken sie uns zu und verschwinden dann hinter einer kleinen Senke. Kurz darauf hallen dumpfe Schläge durch den Park.

Unter einem Baum sehen wir ein dürres Pferd, das an den Stamm angebunden ist. Es muß schon lange da stehen, denn rundum ist der Boden glattgetreten und kahlgefressen.

Herbert tritt näher an das Pferd heran. „Das arme Vieh", sagt er mitleidig. „Es hat schon geschwollene Beine vom langen Stehen." Kurz entschlossen zieht er sein Taschenmesser hervor und schneidet den Strick durch. Verwundert sieht sich das Pferd um. Dann stelzt es vorsichtig, des Laufens scheinbar schon entwöhnt, ins nächste Gebüsch und macht sich über die verstaubten Blätter her.

Wir lassen uns ins „Hôtel des Thermes" fahren, einen weißen Prunkbau im Kolonialstil. Es soll das vornehmste Haus in Madagaskar sein. Wir beschließen, dort etwas zu trinken. Das Hotel erscheint wie ausgestorben. Nur im rückwärtigen Terrassenrestaurant sitzen ein paar Europäer in dunklem Anzug und Krawatte.

Vor dem Terrassenrestaurant liegt der Swimmingpool des Hotels, einer der wenigen in ganz Madagaskar. Ein Teil des Hotelkomplexes wird angeblich für Staatsgäste freigehalten, und diesen muß natürlich einiges geboten werden. Der Swimmingpool wird im Augenblick einer gründlichen Reinigung unterzogen. Zehn Mann scheuern das Becken und spülen es mit kräftigem Wasserstrahl aus. Das ärgert uns ein wenig. Heute morgen gab es nämlich in unserer Pension kein Wasser zum Waschen. Antsirabe leidet unter Wassermangel, bekamen wir zu hören. Und nun diese Verschwendung! Ob das nicht auch die Einheimischen ärgert?

In der Nacht träume ich wirres Zeug. Erst sehe ich riesige, klare Bergkristalle, die zu einem gewaltigen Gebirge anwachsen und im weiten Umkreis einen strahlenden weißen Lichtkranz bilden. Ich sehe, wie Menschen in den hellen Kreis treten, als wollten sie sich in dem gleißenden Licht baden. Dann träume ich von einem großen, kraftvollen Amethyst. Ich habe das Gefühl, von diesem violetten Glitzern und Schimmern völlig aufgesogen zu werden. Zwischen Traum und Wachwerden kann ich mich nur schwer vom Inneren des Steins lösen.

Noch ganz benommen erzähle ich Herbert von dem Traum. Dann fühle ich mich voller Energie und springe aus dem Bett.

„Komm, laß uns in anderen Läden nach Steinen suchen", schlage ich munter vor. Ein großes Interesse an ihnen ist plötzlich in mir erwacht.

Am Eingang der Pension warten wieder geduldig unsere Pousse-Pousse-Fahrer. Wir sagen ihnen, daß wir zu einem anderen Mineralien-Laden wollen. In den Augen des älteren Mannes leuchtet es auf. „Ich habe einen Freund – wir werden Sie hinbringen."

Vor einem Haus stapelt sich frisch gebrochenes Gestein, rosa, weiß, bläulich, bräunlich und grünlich schimmernd. Ein Mann sitzt vor den bunten Steinbrocken und klopft sie lieblos auseinander. Es tut weh, ansehen zu müssen, wie die kraftvollen Einheiten zerbrochen werden. Der Besitzer des Ladens ist nicht da, aber seine Frau führt uns in den Verkaufsraum.

Mir stockt fast der Atem! Inmitten der ungeordnet herumliegenden Steine werde ich von einem violetten Glitzern angezogen. Kann das denn möglich sein? Wie gebannt gehe ich darauf zu. Form und Beschaffenheit des Amethysts sind dem des Traumbilds unglaublich ähnlich. Er ist nur kleiner, etwa so groß wie eine Handfläche. Ich nehme ihn hoch. Was für ein Gewicht er hat!

„Du hast also nun deinen Stein gefunden", bemerkt Herbert.

„Er sieht genauso aus wie der in meinem Traum. Aber er ist zu schwer. Ich kann ihn leider nicht mitnehmen." Bedauernd streiche ich über die violetten Zacken und lege das wunderbare Steingebilde wehmütig zurück.

Herbert hat einen kleinen Rosenquarz und einen daumengroßen Granatbrocken erstanden. „Der Granat hilft gegen Rheuma, und der Rosenquarz soll gut sein für das Herz", sagt er und steckt die Steine behutsam in die Tasche.

Das zentrale Hochplateau

In einem verbeulten Peugeot 504 preschen wir auf der engen, gewundenen Straße weiter in den Süden. Die klapprigen, vom Rost zerfressenen Türen klemmen, und die Fenster lassen sich nur per Schraubenschlüssel öffnen, der dem Chauffeur ebenfalls zum Anstellen des Kassettenrekorders dient. Der Platz zum Sitzen ist bei dreizehn Fahrgästen in einem Auto, das für sechs gedacht ist, entsprechend knapp. Mein Sitznachbar, ein dicker tabakkauender Mann mit schwarzem Filzhut, lächelt mich zwar freundlich an, aber sein Hinterteil will mir ständig meinen Platz streitig machen, und auf der rechten Seite werde ich vom harten Metall der Wagentür malträtiert. Herbert hat wegen seiner längeren Beine einen Platz auf der Vorderbank bekommen, die er allerdings mit vier weiteren Passagieren und dem Chauffeur teilen muß.

Wenn mir etwas angst macht beim Reisen, dann ist es das Fahren in diesen schrottreifen Vehikeln. Die Reifen des Peugeots hängen in Fetzen herunter, und die Räder sind nur mit jeweils drei Schrauben befestigt. Aber auch die Fahrweise der madagassi-

Kunstvoll angelegte Reisfelder der Betsileo

schen Chauffeure kann beängstigend sein. Während sie auf schwierigen Naturstraßen großartiges Fahrgeschick beweisen, werden sie auf asphaltierten Straßen leichtsinnig. Aufgrund des geringen Verkehrs fahren die Chauffeure so, als würde ihnen die ganze Fahrbreite allein gehören.

Ein dicker Transporter schleppt sich vor uns einen Hügel hinauf, wobei er schwarze, stinkende Auspuffwolken rausbläst. Unser Chauffeur gibt Gas und überholt ausgerechnet vor einer unübersichtlichen Hügelkuppe. Ich halte den Atem an, wir erreichen die Höhe – Gott sei Dank war die Fahrspur frei. Ich atme erleichtert auf. Die mitfahrenden Madagassen lachen. Sie haben natürlich meinen Schrecken mitbekommen. Mit Vorliebe schneidet der Chauffeur auch die Kurven, eine beliebte Technik in Madagaskar, um Streckenmeter und Benzin zu sparen. Krampfhaft halte ich mich am Vordersitz fest.

Ich vermag mich erst zu entspannen, als ein schlechtes Straßenstück folgt und wir zum Langsamfahren gezwungen sind. Jetzt kann ich mich endlich an der zauberhaften Berglandschaft und den kunstvoll errichteten Terrassenfeldern erfreuen, die wie eingemeißelt an steilen Hängen liegen. Wir durchqueren die Region der Betsileo, die sich in dem Hochlandraum zwischen Antsirabe und Fianar (Fianarantsoa) angesiedelt haben. Allein in der Technik der Feldgestaltung erinnern sie an die Bewohner Südostasiens, wo zweifellos ihre Wurzeln liegen.

Der dicke Mann mit dem schwarzen Filzhut beugt sich über mich und spuckt hinaus. Herbert deutet auf einige rauchende, igluförmige Gebilde, die neben straßennahen Reisfeldern stehen.

„Weißt du, was da passiert?" fragt er mich.

„Sieht aus wie große Backöfen aus Ziegelsteinen." Ich drehe mich zu der jungen schmalen Frau um, die auf der rückwärtigen Bank neben einem älteren, ländlich gekleideten Ehepaar sitzt. Sie hat mir bereits erzählt, daß sie in einer Bank in Antsirabe arbeitet und ihre Eltern in Ambositra besuchen will. Sie hat den Gegenstand unseres Interesses bemerkt und erklärt: „So werden bei uns Ziegel gebrannt. Wenn die Reisernte vorüber ist, wird die obere Erdschicht des abgeernteten Feldes ziegelförmig ausgestochen. Die Ziegel werden übereinander gestapelt und mit Rindermist abgedeckt, den man dann anzündet. Es ist ganz einfach." Nun muß die junge Frau den anderen Mitreisenden erzählen, was sie uns gesagt hat. Ihre Mienen deuten an, daß sie mit der Erklärung zufrieden sind. Eine Spur von Skepsis gegenüber dem modernen jungen Volk ist bei den Landleuten nicht zu leugnen.

Was uns im Hochland besonders auffällt, sind die vielen Kirchen in fast jedem Dorf, und mag es noch so klein sein. Manchmal bilden acht bis zehn strohgedeckte Häuser aus rötlichem Lehm und Ziegeln eine malerische Dorfgemeinschaft – und schon steht mittendrin oder abseits auf einem Hügel die Fremdcharakter zeigende Kirche, die auch immer größer ist als die anderen Häuser. Das erweckt den Eindruck, als wollte eine Glucke fremde Küken um sich scharen.

Ida Pfeiffer erwähnt in ihrem Buch den Konkurrenzkampf der Missionare zu der Zeit, als unter Radama I. Missionierungen in größerem Umfang gestattet wurden. Angeblich haben sich damals

Alte Backsteinhäuser in Ambositra

manche Religionsfanatiker Methoden bedient, die nicht immer edler Natur waren.

Einer Festung gleich thront die katholische Mission, aus rotem Backstein errichtet, über Ambositra, das man „Ambuscht" ausspricht. In diesem Städtchen, das den Charakter eines Bergdorfes besitzt, gibt es viele Häuser mit geschnitzten Holzbalkonen und Veranden.

Ambositra ist für seine Holzschnitzkunst bekannt. Besonders gute Holzschnitzer sollen die Zafimaniry sein, ein Stamm, der angeblich abgeschieden im dichten Urwald lebt. Herbert und ich würden gern diese Holzschnitzer besuchen. Wir fragen im Grand-Hotel, das zwar einen großen Namen führt, aber winzige Zimmerchen vermietet, ob uns jemand Auskunft geben kann, wie wir zu den Zafimaniry kommen können.

„Fragen Sie doch auf der katholischen Mission nach", meint eine Angestellte des Hauses.

Vor dem Eingang der Mission lagern eine Schar bettelnder Kinder, alte Frauen und Männer, die von allen ein und aus Gehenden ignoriert werden. Wir finden einen Missionar, der sich etwas Zeit für uns nimmt. Père Frederik ist ein kleiner, blasser Mann mit dunklen tiefliegenden Augen und ausgezehrtem Gesicht. Wir fragen ihn nach den Zafimaniry, wie man hinkommt, wie lange der Marsch dauert und wo wir einen Führer finden können. Der Missionar sieht uns verwundert an.

„Sie müssen nicht hinlaufen, es gibt bereits eine Straßenverbindung", sagt er. „Aber was wollen Sie denn dort?"

„Nun ja, sie sind doch berühmte Holzschnitzer", ist meine Antwort.

„Die meisten Holzschnitzer sind nach Ambositra umgezogen. Ihr Dorf ist jetzt wie ausgestorben."

„Und der Urwald?" fragen wir enttäuscht. „Was ist mit dem Wald geschehen? Die Zafimaniry sollen doch im dichten Dschungel wohnen."

„Es gibt schon lange keinen richtigen Urwald mehr. Die Franzosen haben die stärksten Bäume gefällt, um das Land zu kultivieren. Was jetzt steht, ist höchstens Sekundärwald. Kein Vergleich mehr mit dem früheren Bestand."

Père Frederik macht einen kranken, deprimierten und auch ungepflegten Eindruck. Seine blonden, schütteren Haare sind fett, seine Fingernägel lang und schmutzig. Er erzählt uns, daß er Belgier ist und seit fünfundvierzig Jahren in Madagaskar lebt.

„Früher hat das Leben hier Freude gemacht. Aber jetzt gibt es Mißwirtschaft, Inflation, kein Geld für Instandhaltungen, besonders die Krankenversorgung ist jämmerlich. Jährlich sterben an die 30000 Menschen an Malaria, aber wir können nichts dagegen tun. Es fehlt an Medikamenten. – Ich hoffe, Sie nehmen Malariamittel."

„Ja, das tun wir", nicken wir beide. Da ich bereits in Afrika Malaria hatte, bin ich besonders vorsichtig geworden.

„Es tut mir leid, daß ich keine besseren Nachrichten für Sie habe. Aber in der Mission gibt es einen Ausstellungsraum mit Holzschnitzereien, wenn Sie sich dort vielleicht umsehen wollen." Père Frederik wünscht uns noch eine gute Reise und empfiehlt sich. Unter den ausgestellten Kunstwerken entdecken wir ein paar schöne Holzarbeiten, doch sie sind zu groß und schwer, um sie im Rucksack mit herumzutragen.

Gute Holzschnitzereien sollen auch im Benediktinerkloster zu finden sein. Dieses ist von einer dicken Mauer umgeben. Ich kann mir nicht helfen, eine Umwallung von solcher Stärke empfinde ich als Abgrenzungsdemonstration. Als wäre ein Schutzschirm errichtet worden, um sich nicht mit der lebendigen Außenwelt zu infizieren.

Eine hagere, blasse Frau in Schwesterntracht zeigt uns die Holzschnitzsammlung. Warum nur sind Missionare oft so blaß in Ländern, wo die Sonne mit Vorliebe vom Himmel lacht?

Herbert kauft einen kleinen geschnitzten Kopf, fein gearbeitet und ausdrucksvoll. Eine Betsileo-Frau mit aufgesteckten Zöpfen.

„Möchten Sie auch etwas Käse?“ fragt die Schwester. „Wir stellen ihn selber her.“

„Käse – ja, sehr gerne!“ rufe ich. Ich liebe Käse, und wir haben nichts gegen eine solche Bereicherung unseres Reiseproviants.

Wir bekommen ein Stück würzig duftenden Bergkäse, eingepackt in steifes Pergamentpapier, und werden zu einer Tasse Tee eingeladen.

„Leben Sie gern in Madagaskar?“ fragt Herbert die freundliche Frau.

„O ja, die Madagassen sind bezaubernde Menschen und so leicht zu lenken.“

Bei diesen Worten hole ich tief Luft und sehe, wie Herbert seine Lippen fest aufeinanderpreßt. Wir lassen die dicken Mauern hinter uns und streifen durch die angrenzende sanfte Hügellandschaft.

„Sie glauben noch immer zu wissen, was gut für die armen Heidenkinder ist“, murmelt Herbert grimmig, und ich nicke mißgestimmt.

Frauen mit großen Strohhüten setzen neue Pflänzchen in ein unter Wasser stehendes, in der Sonne glitzerndes Reisfeld. Die Bewegungen der Frauen sind gleichmäßig, geschmeidig und kraftvoll. Ein Bauer holt seine Kühe von der Weide. Als wir ihm begegnen, sehen wir es humorvoll in seinen Augen aufblitzen. Freude kehrt wieder in mich ein.

Mit dem Chauffeur eines blauen Peugeot-Kombi haben wir gestern abend ausgemacht, daß er uns heute nach Fianar fährt. Als er sagte, er würde uns um 5.20 Uhr im Hotel abholen, haben Herbert und ich gelacht, da die Madagassen es unserer Erfahrung nach mit der Zeit nicht so genau nehmen. Wir sitzen noch beim Frühstück, als der Mann pünktlich um 5.20 Uhr auftaucht. Vor Überraschung bleibt mir beinahe ein Bissen Brot im Hals stecken. Unter dem strengen Blick des eintretenden Chauffeurs nehme ich mein Gepäck und trage es hinaus zum Wagen vor der Hoteltür. Der Mann ist ja ein richtiger Bürokrat, denke ich. Beim Einsteigen fällt mir dann das kleine weiß-rot-grüne Fähnchen auf, das auf dem Wagendach schwach flattert. Also ein Anhänger der sozialistisch-revolutionären Regierung.

Während der Fahrt bemerken wir, daß der Chauffeur von vielen Menschen am Straßenrand gegrüßt wird. Die Männer ziehen ihre Hüte, die Frauen machen Knickse.

„Der Mann hat aber viele Freunde", meint Herbert.

„Ja, er muß sehr beliebt sein", ist auch meine Meinung.

Aber als das Hutziehen und Geknickse auch im weiteren Fahrtverlauf kein Ende nimmt, glauben wir nicht mehr, daß das alles seine Freunde sind.

„Vielleicht hat das Gegrüße etwas mit dem Fähnchen auf dem Dach zu tun."

„Ein Fähnchen?"

„Ja, mit dem Landeswappen von Madagaskar."

„Dann ist er vielleicht ein Funktionär. Ich glaube, er fährt absichtlich so langsam, weil er das Begrüßtwerden genießt."

Als ich das bullige Gesicht des Chauffeurs unauffällig betrachte und darin Selbstgefälligkeit wahrnehme, muß ich Herbert recht geben. Zu meiner heimlichen Freude bemerke ich, daß einige Männer und Frauen das Fähnchen ignorieren und demonstrativ wegschauen.

Das langsame Dahinkutschieren erlaubt uns immerhin ein genaues Betrachten der Landschaft. Wie eine flüchtende Schlange windet sich die Straße über kultivierte Höhen und Täler, bis sich auf einmal der Blick auf ein phantastisches Tal öffnet. Hier scheinen die Reisbauern den Höhepunkt ihrer Feldbauarchitektur erreicht zu haben. In steilen Stufen, hellgrün leuchtend, fallen die Reisterrassen in die Tiefe, um sich auf der anderen Seite des engen Tales wieder in stolze Regionen kaskadenförmig aufwärtszuschwingen.

Auch Fianar steht ganz unter dem Einfluß emsiger Missionsarbeit. Von einer Anhöhe überblickt eine weiße, große Madonnenstatue die Stadt. Und am Taxi-Brousse-Platz werden neben Litschis und süßem Kuchen auch Heiligenbilder feilgeboten.

Von den Fahrkartenverkäufern, die in kleinen Holzbuden rund um den viereckigen großen Platz für verschiedene Transportgesellschaften hinter wackeligen Tischen amtieren, erfahren wir, daß es heute kein Fahrzeug nach Fort Dauphin (Taolanaro) gibt. Aber vielleicht haben wir Glück in Ihosy. Ein Bus fährt in einer Stunde dorthin. Na gut. Hauptsache, es geht vorwärts. Fianar selbst übt keinen besonderen Reiz auf uns aus.

Wir setzen uns in ein kleines Hotely am Rande des Platzes und bekommen Hühnerklein in Tomatensauce und Reis auf einem rotweiß karierten Plastiktischtuch vorgesetzt. In einer Plastikvase stecken giftgrün gefärbte Hühnerfedern, und das glaslose Fenster ist mit einem Vorhang aus gleichlang geschnittenen Kassettenbändern geschmückt. Durchaus gesättigt klettern wir in den bereits wartenden kleinen Mercedes-Bus 508 D. Ein alter Mann, der hinter uns sitzt, kauft von einem Platzverkäufer zwei Madonnenbilder und hält sie während der ganzen Fahrt nach Ihosy an seine Brust gedrückt. Ob er dem altersschwachen Vehikel auch nicht so ganz traut und sich von der Muttergottes Schutz erhofft?

Nachdem die sanften Weinberge südlich von Fianar hinter uns liegen, nimmt die Straße Pistencharakter an, und es schüttelt und rüttelt uns auf den harten, knapp bemessenen Plätzen. Einer Frau wird übel, doch das Fenster läßt sich nicht öffnen. Sie spuckt in das Tuch, das sie zuvor um ihre Schultern geschlungen hatte. Der sich ausbreitende Geruch ist kaum auszuhalten.

Herbert ist eingenickt. Plötzlich macht der Bus einen weiten Sprung, und Herberts Kopf schlägt gegen die Eisenstange vor ihm, die als Haltegriff gedacht ist. Er schnellt erschrocken hoch und tastet nach seiner Backe. Ein Stück vom Eckzahn ist abgebrochen!

Während sich das Plateau langsam senkt, tun sich immer neue Blicke auf. Die Landschaft wird karger, felsiger, die Berge schroffer. Dann eine weite Steppenlandschaft mit kleinen braunen Termitenhügeln. Und plötzlich erhebt sich ein gigantischer Felsenberg, wie aus einem Riesenstein gemeißelt, aus der flachen Weite empor. Ein Monolith – dem Ayers Rock in Australien ähnlich. Die hohen, steilen, von der Witterung glattgeschliffenen, dunklen Wände rücken näher, ragen über der vorbeiführenden Straße empor und entschwinden im aufwirbelnden Staub.

Ein gigantischer Felsenberg, Ayers Rock ähnlich, ragt aus der flachen Weite empor

Wie verhext

Ihosy liegt am Rande des Hochlandes. Rotflammende, in voller Blüte stehende Flamboyant-Bäume beleben ein wenig die verschlafene Atmosphäre des kleinen Ortes. Sofort nach der Ankunft am Taxi-Brousse-Platz erkundigen wir uns wegen eines Anschlusses nach Fort Dauphin.

„Morgen früh um 8 Uhr fährt ein Bus", erfahren wir von dem verantwortlichen Mann, der einen abgetragenen schwarzen Anzug und einen verbeulten Strohhut trägt.

Über diese Antwort zufrieden, beziehen wir Quartier im nahen Hotel, das in einem ruhigen, reich bepflanzten Innenhof liegt.

Auf der Terrasse, die rund um den Zimmertrakt verläuft, treffen wir Richard, einen jungen Globetrotter aus Deutschland. Etwas mitgenommen schaut er aus.

Froh über unsere Gesellschaft erzählt er uns: „Auf dem Weg von Fort Dauphin nach Fianar mußte ich hier übernachten. Plötzlich bin ich krank geworden, hohes Fieber, Schüttelfrost. Ich dachte erst an Grippe, aber die Hotelbesitzerin hat einen Arzt geholt, und der meinte, es sei Malaria. Ich sag euch, ich dachte, mein letztes Stündlein hat geschlagen, so elend ging es mir. Aber ich bin unglaublich gut gepflegt worden. Die Hotelbesitzerin hat sich rührend um mich gesorgt. Sie will sich auch nichts für diesen Aufenthalt und für die Medikamente bezahlen lassen."

„Das ist ja wirklich freundlich von ihr", meint Herbert.

„Ja, nicht wahr", fährt Richard fort. „Dabei hatte ich in Fort Dauphin etwas Pech. Mir sind 60000 MFG gestohlen worden. Ich habe diesen Vorfall der Hotelfrau gegenüber erwähnt – und stellt euch vor, sie will mir auch diesen Betrag ersetzen."

„Das ist tatsächlich unglaublich!" rufen Herbert und ich gleichzeitig.

Am nächsten Morgen reist Richard nach Fianar, und wir warten auf den Bus nach Fort Dauphin. Die Stunden vergehen. Wir fragen nochmals den Mann im schwarzen Anzug. Der zuckt nur mit den Achseln und meint, wir sollen warten.

Als wir uns am Nachmittag wieder bemerkbar machen, hören wir: „Heute fährt kein Bus nach Fort Dauphin. Auch in den nächsten Tagen nicht. Die Straße ist durch den Regen unpassierbar geworden."

Herbert seufzt. Er hat einen Flug von Fort Dauphin nach Tana gebucht, von wo er dann wieder nach Hause fliegen muß. Sein Urlaub ist schon fast abgelaufen.

„Nun, dann fahren wir nach Tuléar (Toliara). Wann fährt der nächste Bus dorthin?"

„Morgen um 7.00 Uhr in der Früh."

Wir ziehen in das Zimmer um, das Richard bewohnt hatte, da die Betten festere Matratzen haben. Gegen Abend fühle ich mich sehr müde und schlapp. Mein Kopf beginnt zu schmerzen, und mein Gesicht glüht. Herbert kramt seine Reiseapotheke aus dem Rucksack und reicht mir das Fieberthermometer. Die Temperatur springt auf 39 Grad Celsius. Herbert sucht die Hotelbesitzerin auf und bittet sie, einen Arzt zu verständigen. Die gutmütige Frau kommt sofort, um nach mir zu sehen, in einem Arm eine riesige Thermoskanne mit Tee und im anderen Arm eine Flasche Mineralwasser.

„Sie müssen viel trinken, Kindchen. Den Arzt habe ich bereits benachrichtigt."

Als die adrett gekleidete Frau mit dem mütterlich besorgten Gesicht bemerkt, daß ich vor Kälte zittere, ruft sie nach einem Hotelangestellten, der mehr Decken bringen muß. Diese schichtet sie dann über mich und packt mich von allen Seiten fest ein. Wir hören Stimmen im Hof.

„Ah – der Arzt ist da!" ruft die mollige Frau und öffnet die Zimmertür.

Ich bin überrascht, als eine junge, hübsche, elegant gekleidete Frau mit Aktenköfferchen ins Zimmer tritt, denn ich hatte einen verschrobenen, älteren Landarzt erwartet.

Die Ärztin untersucht und beruhigt mich: „Es ist keine Malaria. Sie haben aber eine Grippe."

Eigentlich kein Wunder. Während der Herfahrt von Fianar war ein gutes Dutzend der Fahrgäste verkühlt und hatte herumgeschnupft und geniest. Die Ärztin schreibt eine Liste von Medikamenten und ihre Anwendung auf. Die Hotelbesitzerin hat scheinbar die wichtigsten Medikamente im Hause, denn gleich darauf bringt sie die benötigten Arzneien herbei.

„Und was bin ich schuldig?“ frage ich mit matter Stimme.

Die Frau winkt ab und deutet auf die Ärztin. „Ich bringe das mit ihr schon in Ordnung“, sagt sie.

„Sie ist wirklich eine Seele von einem Menschen, nicht wahr?“ meint Herbert, nachdem die beiden Frauen das Zimmer verlassen haben. Ich nicke und rutsche erschöpft unter den Deckenberg.

„Und jetzt?“ frage ich kläglich. „Was nun? Wir wollten doch morgen nach Tuléar.“

„Mach dir keine Sorgen darüber. Du mußt erst gesund werden.“

„Aber du hast nicht mehr viel Zeit. Du solltest morgen allein weiterfahren.“

„Ich laß dich doch nicht allein, wenn es dir so schlecht geht.“

„Du mußt dir keine Sorgen um mich machen, die Hotelfrau kümmert sich doch rührend um ihre Patienten. – Findest du es nicht seltsam, daß ich im gleichen Bett wie Richard liege...“, sage ich nach einer Weile.

„In Madagaskar wundere ich mich eigentlich über gar nichts mehr. Aber wenn du willst, können wir ja wieder das Zimmer wechseln.“

„Nein – da käme ich mir doch albern vor.“

„Wie du meinst“, antwortet Herbert sichtlich müde. Wir sind in den letzten drei Wochen zu rasch von einem Ort zum anderen gereist. Auch die auszehrenden Tage in Tana haben wir noch nicht ganz überwunden. Das mag mit ein Grund sein, daß meine Abwehrkräfte geschwächt sind. Es ist meine erste Grippe seit meiner Kindheit.

Um fünf Uhr morgens klopft es energisch an der Tür. Herbert öffnet verschlafen.

„Der Taxi-Brousse-Mann!“ ruft er mir zu.

Ich rappel mich unter dem Moskitonetz hoch. „Was will er denn?“

„Es fährt kein Bus nach Tuléar, aber wir könnten mit einem Lastwagen mitfahren. – Wie fühlst du dich?"

„Hundeelend."

Ich höre Herbert leise mit dem Mann vor der Tür reden.

„Ich habe gesagt, er soll uns für morgen zwei Plätze reservieren", murmelt Herbert und kriecht zurück in sein Bett.

Am Nachmittag geht es mir besser, und ich unternehme mit Herbert einen kleinen Spaziergang, der uns durch einen kräftigen Regenguß verleidet wird. Der Wind pfeift uns um die Ohren, und es ist saukalt, dabei liegt Ihosy nur siebenhundert Meter hoch.

„Das kommt vom ersten Zyklon, der die Ostküste erreicht hat", meint unsere Wirtin. „Das bedeutet auch für uns immer stürmisches und kühles Wetter."

Am nächsten Morgen klopft es um sechs Uhr, dabei hatten wir sieben Uhr ausgemacht.

„Schnell! Schnell!" hören wir den Fahrzeug-Vermittler rufen. „Der Bus fährt in zwei Minuten ab!"

Wir brauchen vier Minuten, bis wir auf der Straße stehen, gerade rechtzeitig, um das Taxi-Brousse vor unserer Nase abfahren zu sehen.

„Diese bornierten Leute!" reagieren wir beide ziemlich verärgert.

„Warum haben Sie uns denn nicht früher verständigt, daß sich die Abfahrtszeit geändert hat? Es hängen doch immer genug junge Männer vor Ihrem Ticketbüro herum, die uns hätten benachrichtigen können!" sage ich zu dem Mann, der wieder den schwarzen Anzug trägt und aussieht, als hätte er darin geschlafen. Wieder zuckt der Fahrkarten-Mann gleichgültig die Schultern. Ich sehe ein, es bringt gar nichts, wenn ich mich aufrege.

Auf dem Fahrzeugplatz stehen drei Lkws. Wir sprechen die Fahrer an. Einer fährt in den Norden, doch die anderen beiden sind auf dem Weg nach Tuléar, aber sie bedauern.

„Pas des places."

Wir stellen uns auf die Straße und hoffen einen Privatwagen zu finden. Nun, heute scheint nicht gerade unser Glückstag zu sein. Während uns der Wind kalt um die Ohren bläst, müssen wir erkennen, daß Verkehrsmittel in Ihosy eine Rarität sind. Dann endlich – zwei Landrover! Aber die sind bereits mit japanischen Touristen vollgepackt.

Der Regen, die Kälte, die ungenauen Auskünfte und Gleichgültigkeit der Taxi-Brousse-Männer nerven uns allmählich. Ziemlich frustriert machen wir eine Platzreservierung für den nächsten Tag.

Das Gefühl, mit begrenzter Zeit zu reisen, ist eben anders, als sich zeitlich völlig ungebunden die Welt anzusehen, wie ich es sonst auf meinen Reisen getan habe. Da konnten mich ein paar Tage ungewollter Aufenthalt nicht aus der Ruhe bringen.

Der Mann mit dem schwarzen Anzug trägt mit gelangweilter Miene unsere neue Reservierung ein, während die Zigarette in seinem Mundwinkel weiterglost.

Am Abend schaut die Ärztin mit der Hotelbesitzerin bei uns vorbei, um zu sehen, wie es mir geht. Die besorgte Anteilnahme der beiden Frauen entschädigt mich für die Erfahrungen mit den Taxi-Brousse-Leuten. Ich erzähle ihnen von unseren erfolglosen Abreiseversuchen.

„Früher war das anders", seufzt die Hotelfrau, „da sind viele Busse und Taxis nach Fort Dauphin und Tuléar unterwegs gewesen. Aber seit der Revolution hat sich alles geändert. Mit allem geht es bergab."

Am nächsten Morgen ist Sonntag, und wir sind bereits vor sechs Uhr am Platz, um nicht wieder das Nachsehen zu haben. Zwei Stunden vergehen, als sich auch andere Passagiere einfinden. Na, also.

„Sie fahren sicher auch nach Tuléar?" frage ich höflich eine vornehm gekleidete Frau, von der ich annehme, daß sie Französisch spricht.

„Nein, wir warten auf den Bus nach Fianar. – Sie wollen nach Tuléar? Aber heute ist doch Sonntag, da fährt kein Bus dorthin."

Wie vom Donner gerührt schaue ich Herbert an. Sollen wir denn hier Wurzeln schlagen!

„Vielleicht wurden wir schon wieder verhext", versucht Herbert zu scherzen.

Ich bin mir jedoch nicht sicher, ob ich heulen oder lachen soll.

Auf dem Weg nach Tuléar.

Es gelingt uns dann doch noch an diesem Sonntag, Ihosy zu verlassen. Der Fahrer des Nonstop-Busses von Tana nach Tuléar nimmt uns mit. Obwohl das Wageninnere von Menschen, Gepäck und Federvieh überquillt, verschafft uns der gutmütige Mann Platz. Wir dürfen es uns vorne neben ihm, zwischen Postsäcken, gestapelten Briefen und Litschibergen, bequem machen.

In steilen Serpentinen windet sich die Straße dem Isalo-Massiv entgegen. Dunkle, schwere Wolken hängen über dem schroffen Gebirgszug, der in canyonartige, bizarre Felsformationen ausläuft. Dann öffnet sich vor uns ein faszinierender Fernblick. Eine weiträumige Steppe, wie ich sie in solchem Ausmaß nur von Afrika her kenne, schwingt sich in weichen, langgezogenen Terrassen der Niederung entgegen. Fächerpalmen, von der Sonne gebräunt, vom Wind zerzaust, wachsen weitgestreut bis zum Horizont und geben diesem Landstrich einen eigentümlichen Reiz.

Angeblich regnet es in Tuléar keine zwanzig Stunden im Jahr. Nun, die Hälfte dieser Niederschlagsmenge fällt bereits an unserem Ankunftstag. Ein Unwetter mit heftigen Regenschauern zieht über die weiträumige Stadt mit den breiten Straßen und vornehmen Villen, die von tropischen Gärten umgeben sind. Als wir in einer weniger vornehmen Gegend aus dem Bus klettern und unsere völlig durchnäßten Rucksäcke in Empfang nehmen – niemand wollte sich in Ihosy die Mühe machen, die Schutzplane zu öffnen und unser Gepäck darunter zu verstauen –, beginnt es plötzlich kräftig zu hageln. Weiße, taubeneigroße Geschosse prasseln auf uns nieder. Wir flüchten unter ein schützendes Vordach. Schlaue Jungs sammeln die weißen Eisbällchen in Flaschen oder Konservendosen, um sie als Eiswürfel an Restaurants zu verkaufen.

Muscheln, Dornenbäume und Lemuren

Tags darauf erwacht Tuléar unter einem strahlendblauen Himmel. Herbert kann seinen Flug umbuchen, so daß ihm noch drei Tage für Ausflüge bleiben. In einem Lastwagen-Taxi-Brousse fahren wir auf einer tiefsandigen, holprigen Piste über zwei Stunden Richtung Norden. Herbert hat sich einen Platz auf einigen übereinandergestapelten Autoreifen erkämpft und ich auf einem schmierigen Ölkanister. Um fünf Zentimeter durch die abgelagerte Sandschicht größer geworden, steigen wir bei Mora-Mora, was soviel heißt wie: „Immer mit der Ruhe“, ab.

Unter Filao-Bäumen, die einen dünnen Schatten spenden, beziehen wir nur wenige Meter vom Meer entfernt einen Bungalow in der uns empfohlenen Hotelanlage. Wir wollen uns einen Tag lang so richtig erholen, schwimmen, schnorcheln, essen, spazierengehen. Keine anderen Gäste sind zu sehen. Wir genießen die herrliche Ruhe und abgeschiedene Idylle.

Nach einem wohltuenden Bad legen wir uns in den warmen, hellen Sand einer kleinen Bucht, die von Dornenbäumen und Agaven gesäumt ist. Wir lauschen den anschlagenden Wellen und dem Flügelschlag eines Seeadlers. Ich spüre meinen Körper schwerer und schwerer werden, als wolle er im weichen Sand versinken. Jegliche Verstimmung scheint mit den Meereswellen fortgespült. Ich fühle mich leer werden wie der einsame Strand.

Physisch erholt und psychisch gereinigt, wandern wir am Strand entlang und betrachten mit Muße die Schätze, die das Meer freigegeben hat: Muscheln in Gestalt und Farben, wie nur die Natur sie sich auszudenken vermag. Perlmutterfarbene mit hauchdünner Schale, fast durchsichtig und federleicht, oder spiralen- und trichterförmige, kräftig gebaut. Ich sammle einige auf, halte sie sachte in meiner Hand, die gerippten, gepunkteten, gestreiften, glitzernden, milchigen oder seidenmatten wunderbaren Gebilde, herangespült aus tiefstem Meeresgrund und von ihren einstigen Bewohnern verlassen. Auch zweischalige Muscheln finden wir, zart und leicht gewölbt. Sie sind weiß mit pastellfarbenen Strahlen, die wie mit feinstem Malstift gezogen wirken – rosafarbene, bläuliche, gelbliche sanfte Linien. Manche Schalenhälften sind noch miteinander verbunden und gleichen gefalteten Schmetterlingsflügeln.

Herbert und ich versuchen, jeder „seine" Muschel zu finden. Herbert entscheidet sich für eine trichterförmige, feigengroße, braunrot gerippte, und ich wähle für mich eine runde, kastaniengroße mit glatter Schale von einer Farbe wie Naturseide.

Dann erkunden wir die nähere Umgebung. Wir sind begeistert von den seltsamen Pflanzen, den mattgrünen, staubtrockenen Dornensträuchern und den skurril geformten, drei bis vier Meter hohen Didieraceen mit Krakenarmen, die sich gegen den Himmel strecken und aus denen neben feinen, spitzen Dornen zarte, kleine grüne Blätter sprießen.

Als ich ins Gebüsch muß und mich hinhocke, schrecke ich heftig zusammen. Eine etwa vierzig Zentimeter große, drachenähnliche Echse glotzt mich blöde an. Ich bin genauso überrascht wie das Tier, ziehe mich zurück und suche mir ein anderes Örtchen. Da zischt der silberglänzende Leib einer zwei Meter langen Schlange aus dem Gestrüpp und sucht sich ängstlich ein anderes Versteck.

Das Durchkommen durch das dornige Gestrüpp ist teilweise recht beschwerlich. Herbert verletzt sich an einem Agavenblatt, dessen Spitze sich in sein Knie bohrt. So kehren wir lieber zurück zum Strand und beobachten Fischerleute bei ihrem Fang.

Auslegerboote bei Mora-Mora

Mit einer Piroge wird ein großes Netz aufs Meer hinausgezogen, während das andere Ende des Netzes von Männern an Land gehalten wird. Als sie das Netz einholen, ist es bis auf zwei mittelprächtige Fische leer. Wir treten näher heran und sehen ein großes Loch im Netz. Kein Wunder, daß da der Fang entwischen kann. Doch ohne das Loch zu beachten, beginnen die Fischer noch einmal dieselbe Prozedur, ziehen das Netz weitflächig hinaus und werden beim Einholen wieder enttäuscht. Eine Stunde sitzen wir da und beobachten die einheimischen Männer bei ihren phlegmatischen Bemühungen.

„Warum flicken sie das Netz nicht?" frage ich Herbert verwundert.

„Ich weiß auch nicht. Frag sie doch", meint mein Freund.

Die Männer sprechen nicht Französisch. So deute ich auf das Loch im Maschenwerk und mache die Bewegung eines davonschwimmenden Fisches. Das erheitert die Männer, und bis zu beiden Ohren grinsend starten sie einen neuen Fangversuch, der ihnen wieder nur drei kümmerliche Fische einbringt. Doch das scheint ihnen fürs Abendbrot zu genügen. Sie sammeln das Netz ein, ziehen das Boot an Land, binden die Handvoll Fische an einen Stecken und machen sich auf den Heimweg, noch immer über die Verrenkungen der Ausländerin lachend.

Kaum haben wir die Hotelanlage erreicht, hören wir seltsame Töne. Eine Mischung aus Bellen und Kinderweinen dringt aus dem feingegliederten Blätterdach der Filao-Bäume. Dann ein Rauschen über uns, als würde der Wind das Blattwerk im Spiel erfassen. Und da sehen wir sie auch schon behende von einem Wipfel zum anderen springen: helle Körper mit buschigen, schwarzweiß geringelten Schwänzen. Es sind Kattas, wohl die bekannteste Lemurenart, die nur im Süden Madagaskars vorkommt. Sie turnen abwärts von Ast zu Ast und hüpfen auf den warmen Sandboden, wo sie sich genießerisch in die Sonne hocken und ihr Fell putzen. Sie haben spitze, fuchsartige Gesichtchen mit großen, dunkel umrandeten Augen und dunklen Näschen. Allerliebst sehen sie aus. Unsere Anwesenheit stört sie wenig, solange wir Respektabstand halten. Ich hole eine Mango aus meinem Tagesrucksack und versuche die Tiere damit anzulocken.

„Sie müssen sie schälen“, sagt eine Stimme hinter mir. Es ist der junge Mann von der Hotelrezeption. „Sie müssen die Mango schälen. Dem Duft können die Kattas dann nicht widerstehen.“

Also ziehe ich streifenweise die Schale von der Frucht. Sogleich trennt sich eines der possierlichen Tierchen von der Gruppe und hopst auf allen vieren mir, besser gesagt dem Mangoduft, entgegen. Vorsichtig sieht es sich um, bevor es noch näher herankommt und schwups – auf meiner Schulter landet. Im ersten Augenblick stehe ich dem felligen Besucher etwas skeptisch gegenüber, habe ich doch keine Ahnung, ob so ein Tier beißt oder kratzt. Aber der Katta sieht mich nur mit kecker Miene an und tastet vorsichtig und mit samtweichen Pfoten nach dem Leckerbissen.

Ich bin über diese Sanftheit überrascht und überlasse dem putzigen Gesellen die aprikosenfarbene, süß duftende Frucht.

Der Katta gehört zu den Lemuren des trockenen Südens

Der Katta springt zu Boden, hält die Mango mit beiden Pfoten fest und beißt herzhaft in das weiche Fruchtfleisch, wobei er sich immer wieder vergewissert, daß ihm niemand seine Beute streitig macht.

„Es schmeckt ihm!" rufe ich erfreut.

„Das ist eine Sie", sagt der junge Mann, der etwas Deutsch versteht. „Die Weibchen sind die Stärkeren in der Gruppe, und die Männchen müssen immer das tun, was die Weibchen wollen", erklärt er grinsend. Er ist wohl sehr vertraut mit den Katta-Gepflogenheiten. „Die Weibchen sind es auch gewohnt, von den Männchen mit Futter versorgt zu werden."

Herbert lacht. „Dann hast du ja die Männchen-Rolle übernommen."

„Ich nehme an, mit dem Geschlecht nehmen sie es nicht so genau, solange sie verwöhnt werden."

Auf einer niedrigen Baumgabelung hocken zwei Kattas und umarmen sich liebevoll. Dabei betrachten sie etwas neidisch die schmatzende Kattafrau am Boden. Herbert holt unsere restlichen Mangos aus dem Bungalow, über die sich die anderen Lemuren hermachen. Nur eine Katta-Mama, die ein vorwitziges Junges auf dem Bauch trägt, hält nichts von fremder Verköstigung und klettert ins sichere Geäst. Kaum ist der Mangoschmaus beendet, entfernt sich die kleine Katta-Gruppe mit grazilen Sprüngen in andere Baumregionen.

In Bera Mahafaly, einem Nationalpark bei Betioky, begegnen wir einer anderen Lemurenart, den Sifaka. In ihrer Eleganz sind sie wohl die schönsten aller Lemuren. Sie sind relativ groß mit weißem Körperfell und einer dunklen Gesichtsmaske, kleinen schwarzen Ohren sowie dunklen Oberarmen und Oberschenkeln. Trotz ihrer Vornehmheit, die sie zur Schau stellen, können sie ausgelassen wie Kinder sein. Wir trauen unseren Augen nicht, als sie, kaum am Boden zwischen Trockenbäumen, Dornensträuchern und Mimosen gelandet, riesige Sprünge, eine Art Freudenhopser, vollführen. Dabei bewegen sie sich vorwiegend in seitlicher Richtung. Und noch ein Sprung – und noch eine Drehung. Man könnte meinen, sie rufen sich gegenseitig zu: Ist das Leben nicht wunderbar! Ihre demonstrative Sorglosigkeit ist aber ständig verbunden mit lauschender Aufmerksamkeit. Dann wieder ein übermütiger, weiter Satz – und der nächste folgt sogleich. Die tänzerischen federleichten Bewegungen der Sifaka reißen uns mit, und vor lauter Lachen und Begeisterung vergessen wir zu fotografieren – was uns aber gar nicht leid tut.

Wir sind sechs Personen, die an dieser Exkursion im Mahafaly-Gebiet teilnehmen. Wir haben uns in der Bungalowanlage „Chez Alain" in Tuléar kennengelernt, eine wahre Oase mit Palmengarten und preiswerten Unterkünften. Sonja und Konrad sind zwei junge Sozialwissenschaftler, die für eine deutsche Entwicklungsorganisation ländliche Studien vornehmen. Für ihre Forschungsarbeiten steht ihnen ein Landrover mit Chauffeur zur Verfügung.

Da wir uns auf Anhieb gut verstanden, fragten sie uns, ob wir nicht ins Mahafaly-Land mitkommen wollten. So etwas ist natürlich ein Glücksfall, denn in Madagaskar kann man sich mit den öffentlichen Transportmitteln nur auf den Überlandstraßen bewegen. Und allein oder zu zweit einen Geländewagen zu mieten, ist eine kostspielige Angelegenheit. Mit von der Partie sind auch Michèle und Pierre, ein französisches, legeres Psychiater-Ehepaar. Beide haben sich für zwei Praktikumsjahre in La Réunion verpflichtet.

Seit wir bei Andranovary von der Hauptstraße Richtung Süden abgebogen sind, hatte ich das Gefühl, in eine Landschaft einzutauchen, die ein wenig an Westafrika erinnert. Allerdings besitzt Madagaskar seine eigenen ausgeprägten Charakterzüge und benötigt keinerlei Vergleiche. Kakteenähnliche Euphorbien, dünne, flaschenförmige Baobabs zwischen Trockenbüschen und -bäumen ergeben das eigentümliche Landschaftsbild des Mahafaly-Landes, das den Südwesten Madagaskars einnimmt.

Die Mahafaly sind Viehzüchter und wohnen in äußerst einfachen, windschiefen Behausungen aus grob zusammengefügten Holzlatten. Doch so wenig Wert sie auf die Wohnqualität im Diesseits legen, so sehr liegt ihnen an prunkvollen Wohnstätten für

Der Bau eines Mahafaly-Grabes verschlingt meist das gesamte Vermögen der Familic

Bunte Bilder stellen Szenen aus dem Leben des Verstorbenen dar

Geschnitzte Holzpfähle auf einem Mahafaly-Grab

die Toten. Nach dem Besuch des Nationalparks besichtigen wir rund um Betioky einige Mahafaly-Gräber. Sie sind viereckig und haben etwa eine Größe von hundert bis hundertfünfzig Quadratmeter.

„Der Bau dieser Steingräber dauert oft viele Jahre und verschlingt meist das ganze Vermögen der Familie", erzählt Sonja. „Aber für das Andenken der Verstorbenen ist den Mahafaly nichts zu teuer."

Die Außenwände der Steinmauern sind kunstvoll und farbenfroh bemalt.

„Die Bilder stellen verschiedene Lebenssituationen des Verstorbenen dar", erklärt Sonja weiter.

Da wird ein Mann von einem Lastwagen angefahren, in einer anderen Szene wird er von einem Krokodil ins Bein gebissen. Und dann ein Bild, wo er schwerkrank darniederliegt, neben ihm ein Naturheiler, der das Sikidi befragt, indem er Bohnen auf dem Boden ausgeworfen hat und aus der entstandenen Form das Schicksal als auch die Behandlungsweise des Patienten herauszulesen versucht. Auf einem anderen Grab zeigt sich ein Mann in Hirtenkleidung vor einer großen Rinderherde, während er auf einem anderen Bild eine Soldatenuniform trägt und ein Gewehr im Arm hält.

Auf einem weiteren Grab sind moderne Bilder zu sehen: Ein noch junger Mann mit hübschen schwarzen Locken und strahlendem Lächeln, scheinbar ein Frauenheld, zeigt sich in einer Szene mit vollbusigen, tief dekolletierten Mädchen, die mit blitzend weißen Zähnen von der Mauer lachen. Ein anderes Bild zeigt ihn mit europäischem Anzug und Kofferradio, dem er verzückt lauscht. Nach den Geburts- und Sterbedaten ist der Mann nur dreißig Jahre alt geworden.

Als Grabschmuck dienen Zebuhörner, die bei verschiedenen Grabzeremonien in den Jahren während des Grabbaues geopfert werden.

Ein Mann aus dem nahen Dorf kommt auf uns zu. Sonja spricht mit ihm, da sie Madagassisch kann. Sie übersetzt uns die Mitteilung des Einheimischen.

„Wir sollen nicht mit den Fingern auf die Gräber zeigen, das ist *fady* – verboten. Wir sollen auch nicht zu nahe an die Gräber rantreten und dürfen sie auf keinen Fall berühren. Das haben die Verstorbenen der Mahafaly nicht gern."
„Dürfen wir fotografieren?" fragt Herbert.
Sonja nickt. „Dagegen haben die Leute nichts."
Als wir das letzte Grab besichtigen, gleitet die Sonne, rot wie die Blüten des Flammenbaumes, der Erde mit den stacheligen Kakteen entgegen. Pierre versucht die glühenden Farben als Hintergrund für die geschnitzten Holzpfähle, die zwischen den Zebuhörnern am Grab hochragen, mit seiner Kamera einzufangen. Dabei vergißt er die Bitte des Einheimischen und lehnt sich an die Grabmauer, um das Bild nicht zu verwackeln.

Auf der Rückfahrt nach Tuléar überfährt der Chauffeur mit voller Absicht einen großen, stattlichen Bussard, der seelenruhig auf dem staubigen Fahrweg hockt. Wir sechs stoßen Unmutslaute aus. Sonja fragt den Chauffeur ärgerlich, warum er das getan hat.
„Das ist ein Raubvogel, der klaut die Hühner", antwortet der Chauffeur schmollend.
Darauf sehen wir sechs uns betroffen an. Wir begreifen. Wenn wir hungrig sind, gehen wir in den nächsten Supermarkt, aber die madagassischen Kleinbauern und Selbstversorger werden um ihre Eier- und Fleischlieferanten gebracht, werden ihre Hühner gestohlen. Wir können nicht einfach alles nach westlichen Maßstäben bewerten. Hier zählen andere Gesetze.

Abschied von Herbert. Lange Umarmung.
„Paß auf dich auf, und komm gesund nach Hause", sagt er besorgt.
„Ich werde mein Bestes tun", antworte ich und versuche zu lächeln. Ich spüre es schon jetzt: Ich werde Herberts ruhige einfühlsame und auch unterhaltsame Anwesenheit sehr vermissen. Doch obwohl er ein wirklich angenehmer Reisegefährte ist und es zweifellos Vorteile hat, zu zweit zu reisen, so freue ich mich andererseits wieder darauf, allein unterwegs zu sein. Sobald ich mit jemand anderem zusammen auf Tour bin, habe ich das Ge-

fühl, im Strom des Fremden und Neuartigen eine eigene Insel zu bilden. Bin ich jedoch allein, bin ich automatisch mittendrin im fließenden Treiben der anderen Welt. Ich habe immer wieder die Erfahrung gemacht, daß die Einheimischen zugänglicher sind und Kontakte eher zustande kommen, wenn ich ohne Begleitung reise.

Das Geschäft mit der Baumwolle und viele, viele *fadys*

Tags darauf kann ich mich Sonja und Konrad bei einem Dorfbesuch anschließen. Ein Einheimischer aus Tuléar, der mit ihrem Projekt vertraut ist, kommt ebenfalls mit.

Der Ort, den wir aufsuchen, liegt versteckt hinter dichtem Dornengestrüpp und Kakteen, die einen natürlichen Schutzwall um das Dorf bilden. Etwa ein Dutzend einfacher, kleiner Holzhütten werden von Mimosen- und Mangobäumen beschattet. Der Mann aus Tuléar meldet uns beim Chef der Ansiedlung, dem Président du Fokontany, an. Dieser wohnt in einem der beiden geräumigen Steinhäuser, die einen gepflegteren Eindruck als die Holzbehausungen machen.

Vor dem Haus des Dorfchefs steht ein kurzstämmiger Baobab, der auch Affenbrotbaum genannt wird. Aus dessen flaschenhalsähnlichem Stammende ragen die Äste schopfförmig, wie die Krone eines Wiedehopfs, heraus.

Wir werden in das Haus gebeten und von einem untersetzten Mann in khakifarbenem Anzug begrüßt. Der Raum, in dem wir uns aufhalten, ist mit einem blumengemusterten, abgewetzten Sofa, drei dunklen Kommoden, einem Couchtisch, über dem ein gehäkeltes Spitzentuch liegt, und zwei hohen Stühlen ausgestattet. Ein Kalender mit schweizerischen Landschaften aus dem Jahr 1982 hängt neben dem Bild des Staatspräsidenten Didier Ratsiraka an der grauen Wand. Der Dorfchef ruft noch andere Leute herbei, vier Männer und eine Frau, die beim Eintreten große Zurückhaltung zeigen.

Auf dem Weg zum „Baumwoll-Dorf"

Sonja und Konrad stellen viele Fragen, die ich nicht verstehe, da die Unterhaltung in der Landessprache geführt wird. Ich kann aber beobachten, daß die anwesenden Dorfbewohner in ihren Äußerungen plötzlich sehr lebendig werden, sie mit heftigen Gebärden unterstreichen. Wie auf Kommando stehen alle auf.

„Komm", sagt Sonja zu mir, „sie wollen uns das Dorf zeigen und uns noch mit anderen Leuten bekannt machen."

Unter einem reich tragenden Mangobaum sitzt ein gutes Dutzend Frauen, alle in traditionelle Lamba Oany gekleidet. Große, geflochtene Körbe stehen vor ihnen, bis über den Rand mit Mangos gefüllt. Wie das duftet!

Von je einem kräftigen Ochsenpaar gezogen, nähern sich zwei Planwagen, wie ich sie in Madagaskar noch nie gesehen habe.

Staub wirbelt unter den Hufen der Tiere auf. Die Wagen bleiben vor dem breitdachigen Mangobaum stehen, und die Frauen heben nun die Körbe auf die blau, rot und gelb bemalten Holzkarren, schlichten die Ladung unter den Planen, die aus biegsamen Zweigen geformt und mit dünnen Strohmatten überdeckt sind.

Der Anblick dieser malerischen Fuhrwerke versetzt mich in meine Kindheit zurück, die ich teilweise bei meiner Tante in einem kleinen Weinbauernort verbracht habe. Eine Zigeunergruppe hatte sich einmal für etliche Tage außerhalb des Ortes niedergelassen. Wie alle anderen Kinder war ich vor den Zigeunern gewarnt worden, was mich natürlich erst recht neugierig machte. Das Zigeunerlager übte von nun an eine unwiderstehliche Anziehungskraft auf mich aus. Erst beobachtete ich die fremdländisch aussehenden Menschen aus „sicherer" Entfernung, dann war ich schon mittendrin, war bei den Zigeunern und ihren vielen Kindern. Ich durfte die Pferde streicheln, und sie zeigten mir ihre wohnlich eingerichteten Wagen.

Mir gefielen die fremden Leute, die viel bunter gekleidet waren als die Menschen, die ich sonst kannte. Ich erinnere mich noch gut, wie sehr ich dieses fahrende Volk um ihr herumziehendes, abwechslungsreiches, freies Vagabundendasein beneidet hatte, das ich mir als Kind äußerst romantisch vorstellte. Vielleicht wurde damals der Keim geboren zu meinem eigenen jahrelangen, unsteten Wanderleben, das ich später führte. Beim Anblick dieser bunten, zauberhaften Wägelchen, spüre ich nun wieder diesen Hauch der kindlichen Sehnsucht, auszubrechen aus dem bürgerlich geordneten Leben. Eine Sehnsucht, die bis heute mein Leben beeinflußt.

„Kommst du?!" ruft Sonja. Sie holt mich zurück in die Gegenwart. „Komm, wir sehen uns die Baumwollfelder an."

Wir zwängen uns alle in den Landrover und fahren ein gutes Stück einer Ochsenkarrenspur entlang.

Nur die Frau, die mit im Haus des Dorfchefs anwesend war, ist nicht mitgekommen.

„In ihrer Familie ist es *fady*, heute – am Samstag – das Baumwollfeld zu betreten", erwähnt Sonja.

Ich bin erstaunt über die Größe der Felder, auf denen die etwa einen halben Meter hohen, stark verzweigten Pflanzen stehen.

„Die Baumwollpflanzen zählen zu den Malvengewächsen", klärt mich der einsilbige Konrad auf.

„Ich dachte, sie hätten weiße Ballen, aber ich sehe keine", äußere ich mich enttäuscht.

„Die Samenhaare stecken in diesen Kapseln hier." Konrad zeigt auf die walnußgroßen Früchte. „Sie werden beim Ernten zurückgebogen und springen dann auf. Hier wird die Baumwolle noch per Hand gepflückt. Eine mühselige Arbeit." Ein kleiner Anflug von Emotion bei Konrad, den ich noch kein einziges Mal lachen sah.

Ich sehe Sonja mit den Einheimischen diskutieren, wobei die Gesichter der Madagassen reichlich verstimmt wirken. Und der Projektmitarbeiter aus Tuléar macht einen unruhigen Eindruck, als würde er zwischen zwei Stühlen sitzen.

„Habt ihr Probleme?" frage ich Konrad.

„Wir haben keine, aber die Madagassen haben welche", antwortet Konrad trocken. „Ich glaube, ich muß Sonja den Rücken etwas stärken." Mit hölzernem Gang bewegt sich Konrad auf die kleine Gruppe zu. Die Steifheit des jungen Deutschen steht im starken Kontrast zu den lockeren, aus den Hüften fließenden Bewegungen der Einheimischen, die nun wieder auf das Fahrzeug zugehen.

Zurück im Haus des Dorfchefs gibt es Tee für uns alle. Ich bemerke, daß jeder versucht, zur allgemeinen Entspannung beizutragen, trotzdem spüre ich Widerstand gegen die Fremden.

Auf dem Rückweg nach Tuléar macht sich Sonja Luft. Ich bin dazu ein willkommener Ansprechpartner.

„Es ist ein Fehler von diesen Leuten, sich ganz auf Baumwolle einzustellen", sagt sie aufgebracht. „Monokulturen zeigen ja immer große Nachteile, aber Baumwolle braucht besonders viel Nährstoffe und laugt den Boden entsprechend aus. Um weiterhin Erträge zu erzielen, muß die Kunstdüngermenge gewaltig gesteigert werden. Dabei fallen die Preise für die Baumwolle, während die Kosten für Kunstdünger und Pestizide mächtig steigen. Doch die Leute wollen nicht einsehen, daß die Baumwollpflanzungen in Zukunft ein totales Verlustgeschäft für sie sein werden." Sonja zündet sich eine Zigarette an, macht einen tiefen Zug und fährt fort: „Für den Augenblick sehen sie nur den Batzen Geld, den sie für die Baumwolle bekommen, damit fühlen sie sich reich. Aber dann geht der ganze Erlös für die Anschaffung des Kunstdüngers drauf. Doch das macht ihnen nichts aus, weil sie sich schon wieder auf das Geld für die nächste Ernte freuen. Planen und Wirtschaften in unserem Sinn tun und wollen sie nicht. Es ist zum Verzweifeln."

„Wenn sie damit zufrieden sind", meine ich.

„Sie verarmen dabei, verstehst du das nicht!" erwidert Sonja erregt. Konrad nickt nur dazu, und der Mann aus Tuléar, der zwar unsere Sprache nicht versteht, aber genau weiß, was gesprochen wird, rutscht nervös auf der Wagenbank herum.

„Und dann noch die Sache mit ihren *fadys*!" ereifert sich Sonja weiter. „Jede Familie, jedes Dorf, jeder Stamm hat seine eigenen *fadys*."

„Was ist so schlimm daran?" unterbreche ich die junge Frau mit dem streichholzlangen Haarschnitt. „Soweit ich es mitbekommen habe, sollen diese Tabus die Mitglieder einer bestimmten Gesellschaftsgruppe miteinander verbinden und ihr Zusammenleben im religiösen wie im sozialen Sinn regeln. Ich finde es doch in Ordnung, daß es noch Menschen gibt, in denen die Bedürfnisse der Gemeinschaft über denen des einzelnen stehen."

„Ich weiß schon, was du meinst", ergreift Sonja wieder das Wort, „aber diese Ordnung, wie du sie dir vorstellst, gibt es nur noch im Idealfall und kann nur funktionieren, wenn jeder den ursprünglichen Sinn des *fady* kennt. Aber die meisten Ver- oder Gebote werden stur eingehalten, ohne daß die Leute wissen, warum sie dieses oder jenes *fady* achten. Wenn jedoch gar keine Beziehung mehr zum eigentlichen Anlaß einer bestimmten Anordnung besteht, verliert das Ganze zweifellos an Bedeutung und kann sich auf ihre persönliche, gesellschaftliche wie auch wirtschaftliche Entwicklung hinderlich auswirken."

„Ja, das leuchtet mir ein", antworte ich nachdenklich.

„Dazu kommt noch, daß nicht nur die *fadys* der eigenen Familie eingehalten, sondern auch noch die *fadys* des Ehepartners übernommen werden. Beispielsweise kann der Familie des Mannes untersagt sein, am Dienstag Landwirtschaft zu betreiben und am Donnerstag bestimmte Arbeitsgeräte anzufassen, und der Familie der Frau ist es verboten, am Mittwoch die Erde bestimmter Feldfrüchte zu betreten, und dann gibt es vielleicht noch einen Tag, an dem ein Ahne in besonderer Weise geachtet werden muß. Oder bei den Fischern an der Küste ist es dem einen Eheteil untersagt, am Mittwoch aufs Meer hinauszufahren und dem anderen, am Donnerstag das Fischernetz zu berühren und am Freitag das Boot anzufassen. Und mit jeder Eheschließung wird diese *fady*-Verstrickung dichter und unzumutbarer für den einzelnen wie auch für die neu gegründete Familie. Da bleiben vielleicht zwei oder drei Tage, an denen die Leute ihre Arbeit verrichten können."

„Hat ja auch seinen Reiz, an so vielen Tagen nicht arbeiten zu dürfen", unterbreche ich Sonja. Zugegeben, es ist ein unpassender Scherz.

„Na klar, nur, die meisten Madagassen sind auf die Erträge angewiesen, die sie mit eigener Hand schaffen", fährt Sonja fort. „Dann gibt es Tabus, die bestimmte Feldfrüchte betreffen. Einmal ist der Anbau von Mais, ein andermal von Kartoffeln oder Kürbissen verboten. Diese unüberschaubare Anzahl aus Ver- und Geboten führt jedenfalls oft zu Mißwirtschaft und sozialem Niedergang."

„Und was, denkst du, sollten die Leute dagegen tun?"

„Sie müßten sich von den *fadys*, die keinen Zweck erfüllen, lösen."

„Und wie?"

„Nur das älteste Mitglied einer Gemeinschaft, für die das bestimmte *fady* gilt, kann es aufheben oder in ein sinnvolleres *fady*, das der Zeit angepaßt ist, umwandeln."

„Und tun sie es?"

„Wir haben gehört, daß es manchmal geschieht. Aber in den meisten Fällen wissen die dazu Befugten weder, weshalb das Tabu besteht, noch wer es geschaffen hat. Und da sie den Zorn des Urhebers fürchten, bleibt dieses Wirrwarr aus Nichtdürfen und Befolgenmüssen weiterhin bestehen und untergräbt das gesamte Sozialgefüge."

Wenn Sonja recht hat, dann haben sich die Madagassen wirklich in eine recht verzwickte Situation gebracht.

Abends verzehren wir auf der gemütlichen Restaurant-Terrasse von „Chez Alain“ riesige, köstliche Hummer.

„Wenn ich denke, wieviel sie zu Hause kosten, schmecken sie noch einmal so gut“, sagt Sonja genüßlich.

„Vor allem sind sie dort nicht so frisch“, ist mein enthusiastischer Beitrag zu dem lukullischen Mahl. Konrad schweigt und genießt. Als Nachspeise bestelle ich noch süße Crêpes. Wer weiß, wann ich wieder eine so leckere Mahlzeit bekomme. In einigen Stunden werde ich weiter in den kargen Süden reisen.

Durch das Ende der Welt

Um ein Uhr nachts verlasse ich „Chez Alain“. Sonja und Konrad haben sich schon vor zwei Stunden verabschiedet. Sie erwartet morgen bzw. heute wieder ein anstrengender Tag. Der Mond beleuchtet nur spärlich den löcherigen Fußweg. Zwei Hunde huschen aus einem Garten, kläffen mich an und weichen nicht von meiner Seite. Teils umtänzeln sie mich wie im Spiel, dann wieder knurren sie böse.

Weiß der Himmel, warum die Abfahrt auf diese nachtschlafende Zeit festgesetzt wurde. Aber Fahrzeuge nach Fort Dauphin gibt es nicht zum Aussuchen. Endlich sehe ich ein schwaches Licht vor mir, die Taxi-Brousse-Station. Die Hunde kehren um, zurück in ihr kleines Territorium, das ich zu nächtlicher Stunde zu durchqueren wagte. Auf einer Reihe von Tischen, wo Tee, Kaffee und Weißbrot verkauft wird, flackern Kerzen. Der warme Lichtschein erweckt ein heimeliges Gefühl in mir. Auf Reisen lebt jeder seine eigenen Wünsche und Vorstellungen aus. Und was dem einen gefällt, mag ein anderer noch lange nicht. Richard, der junge Deutsche, der in Ihosy an Malaria erkrankte, erzählte beispielsweise, daß er die geisterhaften Lichter in der Dunkelheit als unheimlich empfindet und er sich ohne elektrische Straßenbeleuchtung unsicher fühlt.

Auf dem großen Platz sehe ich nur ein Fahrzeug, ein Monster von einem Lastwagen. Rundherum sitzen oder liegen, in warme Tücher oder Decken gehüllt, Männer, Frauen und Kinder, Passagiere, die auf ihre Abfahrt warten. Sie sehen mich verwundert an. Neugier ist in ihren Augen zu lesen. Was will die *vazaha*, die Ausländerin, hier?

Ich frage in die Menge hinein, in der Hoffnung, daß mich einer versteht: „Wissen Sie, wann das Taxi-Brousse nach Fort Dauphin ankommt?"

Ein Mann in einem engsitzenden Jeansanzug sagt ein paar Worte, aber nicht zu mir, sondern in Madagassisch zu den anderen Leuten. Daraufhin erschallt Gelächter und Gekicher. Der Mann hat ihnen gewiß meine Frage übersetzt.

„Sie stehen davor, Madame", sagt er auf französisch und deutet mit dem Kopf auf den Lastwagen. „Wir wollen alle nach Fort Dauphin."

„Ah ja", reagiere ich wenig begeistert. Ich habe ein normales Taxi-Brousse, einen dieser kastenförmigen Busse, erwartet. Auf der Ladebrücke eines Lastwagens zu sitzen, ist in Madagaskar wenig reizvoll. Meist ist das Verdeck heruntergeklappt, um besser gegen Staub und Sand geschützt zu sein. Das bedeutet aber auch, daß ich nicht viel von der Landschaft, die ich mir im Süden sehr interessant vorstelle, zu sehen bekomme. Voriges Jahr auf meiner Reise im Sudan war es anders. Da konnte man oben auf dem Ladegut der Transporter sitzen und so die Gegend bestens überblikken. Aber in diesen dunklen Verschlägen komme ich mir vor wie in einem Mauseloch.

Enttäuscht und schrecklich müde stehe ich da, noch unschlüssig, ob ich meinen Rucksack abnehmen soll oder nicht. Der von mir benützte Bungalow im „Chez Alain" steht noch offen. Das Verlangen ist stark, mich wieder auf das bequeme Bett zu legen und morgen über weitere Pläne nachzudenken. Aber die Hunde – ich müßte wieder an diesen Kläffern vorbei.

Ein schlaksiger Junge mit zerrissenem T-Shirt kommt auf mich zu. Er gehört zur Fahrzeug-Crew und will mein Gepäck. Zu träge, um etwas dagegen einzuwenden, händige ich ihm meinen Rucksack aus und sehe völlig unbewegt zu, wie das gute Stück, treuer Begleiter auf vielen Reisen, auf dem Dach des Lastwagens verstaut wird.

Wieder höre ich es tuscheln und gickern hinter meinem Rükken. Vielleicht ist es ihre Reaktion auf das Fremde und Neue, das ich an mir habe. Ich glaube, Madagassen lachen immer, wenn sie mit etwas konfrontiert werden, was sie noch nicht kennen und sie wohl verunsichert. Oder ist es mein unglückliches Gesicht, das sie belustigt? Sie merken mir vielleicht an, daß ich über das Mitfahren auf dem Lastwagen nicht gerade frohlocke. Sie mögen auch denken, daß es der Nichtkomfort auf der Ladefläche ist, der mir nicht behagt, und daß ich die unbequeme Schüttelei nicht mit ihnen teilen möchte. Das müssen sie wohl denken, solange ich von ihnen Abstand halte. So setze ich mich mitten zwischen sie in den kühlen Sand. Nun bin ich eine von ihnen. Das Geflüster und Gekicher verstummt. Ich sehe Zustimmung in ihren Augen. Das silbrige, matte Licht des Mondes breitet sich wie ein fein gesponnenes Gewebe über die ruhig am Boden harrenden Gestalten, die sich nun fester einmummen. Die Luft wird merklich kühler.

Nach zwei Stunden geduldigen Wartens taucht der Chauffeur auf, ein kräftiger Mann mit einem sympathischen Gesicht. Als er mich sieht, kommt er auf mich zu.

„Wie viele seid ihr?“ fragt er.

Ich sehe ihn erstaunt an.

„Nun, haben Sie keine Kollegen?“

Ich schüttle den Kopf.

„Nicht einen?“ Erstaunen in seiner Stimme.

„Nein, ich bin allein.“

„Soso“, antwortet er und sieht mich nachdenklich an. Ich bilde mir ein, daß der Blick des Mannes sehr väterlich wirkt.

„In der Kabine ist noch Platz für Sie.“

Die anderen Fahrgäste nehmen mir diese Bevorzugung keineswegs übel. Mir scheint sogar, sie freuen sich für mich. Und bald erweisen sie sich als liebenswerte und humorvolle Wegbegleiter.

Langsam zuckelt der Lkw erst auf der ansteigenden Straße Richtung Ihosy, dann auf der nach Süden abzweigenden Natur-

Im „Mango-Dorf"

fahrbahn dahin, wobei mir der Weg bis Betioky ja bereits bekannt ist. Den Vordersitz teile ich mit einem jungen Mann. Er hat ein liebes, harmloses Gesicht, und auf seinem Kopf sitzt ein runder, aufgekrempelter Strohhut. Das monotone Geräusch des dumpf dröhnenden Motors schläfert mich schnell ein, und mein Kopf fällt auf die weiche Schulter meines Sitznachbarn. Ich kann gar nichts dagegen tun, die bleierne Müdigkeit macht mich willenlos.

Als wir in Betioky kurz halt machen, wache ich auf. Inzwischen ruht der Kopf des jungen Mannes auf meiner gar nicht weichen Schulter. Jetzt schreckt er verdattert hoch.

Es regnet in Strömen, und die schmale Sandstraße hat sich in eine abenteuerliche, seifenglatte Schlammpiste verwandelt. Zweimal bleiben wir im tiefen Morast stecken. Kein Problem für die Mannschaft. Routiniert und geschickt helfen sie dem Schwergewichter aus der festgefahrenen Lage.

Ein paar Stunden später bricht die Sonne wieder hervor, der Boden wird härter, die Vegetation trockener und verstaubter. Zu beiden Seiten zieht sich endlos undurchdringliche Buschlandschaft dahin. Die eher eintönige Szenerie wird nur durch kleine Mahafaly-Ansiedlungen und ihre eindrucksvollen Grabstätten unterbrochen. Auf manchen Gräbern wurden kleine Häuschen mit spiegelnden Fenstereinsätzen errichtet. Auf zwei Gräbern sind sogar Miniaturflugzeuge aufgesetzt. War der Verstorbene ein begeisterter Flugpassagier? Oder hat er einmal eine Flugreise unternommen und ein Leben lang davon erzählt?

Es wird unerträglich heiß. Zum Glück habe ich genug Wasser für mich mitgenommen. Mit Nahrungsmitteln sieht es unterwegs im Süden recht bescheiden aus. Ab und zu halten wir in winzigen Ansiedlungen an. Der Chauffeur weiß, wo er hier ein paar Reis- oder Maisküchlein und dort gebratenen oder gekochten Maniok auftreiben kann. Besorgt wie um seine leibliche Tochter, nimmt er mich jedesmal zu den geheimen Versorgungsquellen mit. Einmal halten wir in einem „Mango-Dorf" an. Reife, rot leuchtende und grüne, noch weniger reife Mangos sind in Pyramidenform auf dem Boden aufgestapelt. Fast alle Fahrgäste springen von der Ladefläche und stürzen auf die Früchte zu, die im Nu aufgekauft sind. Ich komme zu spät. Da sehe ich, wie mein junger Kabinengefährte und noch ein anderer Passagier von ihren erstandenen Mangos mir einige auf den Sitz legen. Als ich mich bedanken will, tun sie ganz verschämt.

Einmal dringe ich, um ein dringendes Bedürfnis zu erledigen, zu weit in den Busch vor, als mich ein Mann aus der Fahrzeug-Crew vor Schlangen warnt. Ich erfahre aber nicht, welche denn gefährlich sein sollen, und ich frage mich, warum man mich auf Schlangen aufmerksam macht, wenn es laut den deutschsprachigen Madagaskar-Büchern keine giftigen Schlagen auf dieser Tropeninsel geben soll.

Die Sonnenglut erreicht ihren Höhepunkt. Der Chauffeur zieht ungeniert sein Trägerhemd aus. Er hat allerdings Mühe, seinen dicken, nun vollends hervorquellenden Bauch unter das Lenkrad zu bringen.

Besonders aufregend finde ich einige Flußüberquerungen. Die abwärts und aufwärts führenden Steilhänge wurden beim Anlegen der Straße keineswegs abgeflacht, sondern der Fahrweg wurde dem natürlichen Geländeverlauf angepaßt. Über die Flußrinne wurde meist ein schmaler betonierter und erhöhter Fahrdamm errichtet, der aber an vielen Stellen bereits abgebröckelt ist, so daß die Räder des Lastwagens gerade noch Platz auf dem Damm haben. Ein Kunststück schon, wenn man langsam darüber fährt, aber wir fahren mit einem Höllentempo über den schmalen Steg, um auf der anderen Seite wieder hinaufzukommen. Bei dieser rasenden Millimeterarbeit bleibt mir jedesmal vor Staunen der Mund offenstehen, und ich klappe ihn erst wieder zu, wenn wir das andere Ufer sicher erreicht haben.

Bei einer besonders langen und steilen Auffahrt vergißt der Chauffeur, ansonsten ein Meister seines Faches, rechtzeitig die Kupplung zu schalten. Mitten auf der Schräge stirbt der Motor ab. Wie viele andere Vehikel in Madagaskar springt auch dieser Laster scheinbar nur durch Anschieben an. Aber wie soll man ein Fünf-Tonnen-Gewicht bergauf schieben? Trotzdem, drei Männer versuchen es allen Ernstes. Als sie dieses kuriose Unterfangen einstellen, öffnet ein Crew-Mitglied die Dachplane, hebt und schiebt ein paar Frachtstücke hin und her und findet endlich, was er suchte – ein Seil.

Der Lastwagen ist zwar mit einer Seilwinde ausgerüstet, aber weit und breit gibt es keinen Baum, woran das andere Seilende hätte befestigt werden können. Allerdings weiß ich auch nicht, ob die Winde überhaupt funktioniert.

Nun wird das vom Dach geworfene Seil an der Abschleppvorrichtung befestigt, und zehn Mann hängen sich an das Seil und bemühen sich, den Laster hochzuziehen, der sich allerdings keinen Millimeter vorwärtsbewegt. Beim nächsten Versuch helfen alle Männer mit, und ich als einzige Frau. Autos sind scheinbar Männersache. Das Ergebnis ist das gleiche.

Jetzt blitzt es in den Augen des Mechanikers spitzbübisch auf. Erst öffnet er die Motorhaube und hantiert am Vergaser herum, dann steigt er auf die Dachgalerie, deckt einen mitgeführten Benzinkanister auf, steckt einen langen Schlauch hinein, klettert hinunter und saugt mit seinem Mund an dem unteren Schlauchende etwas Benzin ab, das er nun gegen den Vergaser pustet, während gleichzeitig der Chauffeur einen Startversuch unternimmt. Der Motor hustet kurz auf, um sich gleich darauf wieder in beleidigtes Schweigen zu hüllen. Der Mechaniker zeigt unterdessen den Umstehenden eine lustige Grimasse, um anzudeuten, wie scheußlich das Benzin schmeckte. Ob er auch weiß, wie gesundheitsschädlich Benzin ist? Dann holt er verrostetes Werkzeug aus der Kabine hervor und kriecht unter den Lastwagen, während die Fahrgäste auf dem seitlichen, felsigen Geröll gelassen Platz nehmen.

Einstweilen ist ein Lkw aus der anderen Richtung herangekommen, dessen Passagiere weder mit ungeduldigem Gehupe noch mit Geschimpfe reagieren. Sie haben Zeit, und diese erlaubt ihnen, den Vorfall ausgiebig durchzudiskutieren oder darüber Witze zu machen. Allerdings hat die andere Fahrzeug-Crew nicht die Absicht, mitzuhelfen, wie es beispielsweise in afrikanischen Wüstengebieten selbstverständlich gewesen wäre.

Nach einer guten Stunde kommt der Mechaniker, Wagenschmiere auf Gesicht und Händen verteilt, lachend unter dem Lastwagen hervor. Jeder blickt ihn gespannt an. Nochmals nimmt er einen Mund voll Benzin – ich denke: das klappt nie und nimmer – und bläst nochmals gegen den Vergaser, während der Chauffeur langsam Gas gibt. Blubblubblub – und plötzlich springt der Motor wirklich an. Er läuft!

Ich kann es einfach nicht glauben. Diese Leute schaffen es doch immer wieder, ihre Vehikel, in welch vertrackten Situationen sie sich auch immer befinden mögen, irgendwie flottzubekommen. Ihr Erfindungsreichtum kennt dabei keine Grenzen. Ich muß an einen französischen Entwicklungshelfer denken, der behauptet hat, die Madagassen seien für alles zu dumm. Ich würde nur zu gerne einen Europäer sehen, wie er aus so einer verzwickten Lage wieder herauskommen wollte. Wahrscheinlich würde er den Lastwagen völlig genervt ins Flußbett stoßen.

Nachts trudeln wir in Ampanihy ein. Von dem Ort kann ich nur so viel erkennen, was gerade im Scheinwerferlicht auftaucht. Verschlossene Häuser, menschenleere Gassen. Auf einem Platz halten wir an, der Chauffeur stellt den Motor ab und schaltet das Licht aus. Stockfinstere Nacht rundum.

„Und was jetzt?“ frage ich gähnend.

„Wir gehen schlafen“, antwortet der Mann mit abgespannter Stimme und arbeitet sich hinter dem Lenkrad hervor.

Zur Abwechslung finde ich einmal meine Taschenlampe. Aber wohin soll ich den Lichtstrahl wenden? Etwas verloren stehe ich da. Ich muß einen erbarmungswürdigen Eindruck machen, denn der Chauffeur nimmt mich an der Hand und führt mich zu einem Haus, aus dem noch matter Lichtschein dringt. Eine kleine, zierliche Frau kommt uns mit träge schleifenden Füßen entgegen. Der Chauffeur sagt ein paar Worte zu ihr, deutet auf mich, übergibt mich ihrer Obhut und verschwindet müde hinten in einem dunklen Gang.

Die Wirtin bringt mich in einen kleinen Raum, der durch Vorhänge abgeteilt ist. Darin steht ein schmales Bett, auf dem ein Junge schläft. Sie weckt ihn, er steht schlaftorkelnd auf, und die Frau deutet mir an, das Bett zu benützen. Aber ich habe nicht die Absicht, den Jungen von seiner Schlafstätte zu vertreiben. Ich sage ihr das, aber ich weiß nicht, ob sie mich versteht. Als ich weiterhin mit dem Kopf schüttle, bringt sie mich in einen anderen Raum. Darin liegen zwei Frauen auf einem breiten Bett, die auch auf dem Lastwagen mitreisen. Wie schnell sie doch hier waren! Sie müssen dieses kleine Hotel bereits gekannt haben.

Wir sehen uns lächelnd an. Die Frauen auf dem Bett scheinen einverstanden zu sein, und ich bin es auch. Die beiden rücken ein wenig zusammen, damit ich Platz auf der Lagerstätte finde. An den Rücken einer der Frauen gekuschelt, schlafe ich schnell ein. Allerdings beginnen mich ungebetene Gäste an allen nur möglichen Körperstellen zu zwicken und zu zwacken.

Juckend und kratzend, von Flöhen und Wanzen zerbissen, erwache ich am frühen Morgen nach einer schließlich wenig erquikkenden Nacht.

Am frühen Nachmittag erreichen wir das steppenhafte, dürre Land der Antandroy. Dieser Name bedeutet: „Die aus den Dornen kommen“. Hier wächst wirklich nichts anderes mehr als Kakteen und Dornensträucher, ein großer Tummelplatz für Schlangen und Skorpione.

Der einzige Besitz, der den Antandroy angeblich das Herz höher schlagen läßt, sind ihre Rinderherden, die sich von einer bestimmten Kaktusart ernähren. Über die Antandroy wird außerdem erzählt, daß ihre größte Leidenschaft der Ochsendiebstahl sei. Wer sich in dieser Kunst auszeichnet, gewinnt allgemeines Ansehen und die Zuneigung der Frauen.

Allerdings habe ich gehört, daß das Vorkommen der rindererhaltenden Kaktusart gefährdet ist und deshalb auch der Rinderbestand. Viele Antandroys haben sich daher bereits in nördlichere Gebiete angesiedelt. Dort werden sie gerne als Nachtwächter eingestellt, da sie keine Angst vor Geistern kennen. Doch sollen sie öfters Ärger mit den Nachbarn haben, die von der Tradition des Ochsendiebstahls nicht viel halten.

Ein heftiges Klopfen und Rufen von der Ladefläche ertönt. Es ist das Signal für den Chauffeur, daß er anhalten soll. Ein Mann und seine Frau steigen vom Lastwagen. Es dauert eine gute Weile, bis ihr ganzes Gepäck abgeladen ist. Als ich all die aufgestapelten Sachen sehe, denke ich, daß sie gewiß einen Ochsenkarren zu Hilfe holen. Doch da wuchtet die Frau den großen Koffer auf den Kopf und darüber noch zwei vollgestopfte Körbe. Eine zusammengerollte Matte paßt auch noch darauf. Einen prall gefüllten Sack und eine Holzkiste bindet sie mit Hilfe eines Wickeltuches auf den Rücken, auf ähnliche Weise, wie Mütter sonst ihre Babys tragen. Dann greift sie nach zwei Kartons, die sie unter die Arme klemmt, und mit den noch freien Händen nimmt sie je zwei Taschen auf. Und der Mann? Er ist sichtlich stolz auf seine starke Frau. Während er den Leuten auf dem Lastwagen zulacht, wirft er eine kleine Umhängetasche über die Schulter und folgt seiner Angetrauten in den dämmerigen Busch. Immerhin, er gibt ihr Geleit und seinen männlichen Schutz.

Etwa zwei Stunden vor Mitternacht streikt der Motor. Der Chauffeur reicht dem Mechaniker die wohl einzige Taschenlampe der Crew. Doch die Batterie ist leer, und neue sind nicht vorhanden. Ich helfe mit meiner aus. Der Mechaniker leuchtet unter die Motorhaube, und während er hier und da herumschraubt, klopft und hämmert, wird der Schein der Taschenlampe immer schwächer. Madagassische Batterien! Es ist mein letztes Reservepaar. Da auch der Mond nicht seine hellste Zeit hat, klappt der Mechaniker die Motorhaube wieder zu.

„Wir können heute nichts mehr unternehmen", sagt der Chauffeur zu mir. „Wir müssen warten, bis es Tag wird."

Als sich diese Kunde herumspricht, höre ich es auf der Ladefläche rumoren. Während ein Teil der Fahrgäste, vorwiegend Männer, absteigt und neben dem Lastwagen Decken oder Matten ausrollt und sich hinlegt, machen es sich die anderen im Inneren des Fahrzeuges bequem. Ich folge dem allgemeinen Beispiel, hole den Schlafsack unter dem Sitz hervor und breite ihn neben dem Fahrweg aus. Es tut gut, sich der Länge nach auszustrecken. Der Chauffeur ruft mir zu, ich solle mich doch lieber zu den Frauen auf der Ladefläche gesellen.

„So ist es schon in Ordnung", murmle ich nur müde.

„Es ist aber sicherer im Wagen." Der Mann ist sichtlich besorgt. „Sie können auch in der Fahrerkabine schlafen." Diese Fürsorge ist wirklich rührend, aber ich will diesen angebotenen, guten Platz nicht annehmen, wo er sich gewiß schon nach einer bequemen Schlafstätte in einem Hotel im nahen Ambovombe gesehnt hatte.

„Nein, danke, ich bleibe hier draußen", antworte ich schläfrig.

Der dickbäuchige Mann schüttelt verständnislos den Kopf. Er weiß natürlich nicht, daß ich es herrlich finde, unter einem blanken Sternenhimmel zu schlafen, eng in Berührung mit den natürlichen Elementen. Würde ich es ihm sagen, er würde es kaum verstehen, da die Natur in Madagaskar noch zu oft als Feind betrachtet wird. Auch bin ich zu müde, um über Spinnen nachzudenken, deren Bisse angeblich tödlich sein können.

Zeitig am Morgen werde ich durch das Herumwerken des Mechanikers geweckt. Es gefällt mir, in freier Landschaft aufzuwachen. Dieses Wohlbehagen, das ich dabei empfinde, vermag ich kaum zu beschreiben. Es ist, als würde durch den Schoß der Erde Geborgenheit und Sicherheit auf mich überströmen. Aber ebenso das Gefühl, ein Teil der kleinen Reisegesellschaft zu sein, die während einer kurzen Dauer eine geschlossene, intakte Gemeinschaft bildet

Markteinkauf. Einkaufstüten haben sich hier noch nicht durchgesetzt. Das Fleisch wird an den Stecken gebunden

Holzkohlenverkauf am Straßenrand. Sukkulentenwälder im Hintergrund.

und in deren Kreis ich mir beschützt wie ein Baby vorkomme, trägt zu diesem Wohlbefinden bei.

Der Motor springt wieder an. Wir rumpeln weiter durch Dornenwüste und verstepptes Land, und bald fahren wir in Ambovombe ein. Es tut sich einiges in der kleinen Ortschaft, die wir gestern nacht hätten erreichen sollen. Heute ist nämlich Markttag. Die meisten Passagiere verlassen den Lastwagen. Bis ihre gesamten Lasten abgeladen sind, habe ich Zeit, mich umzusehen.

Entlang der Hauptstraße und in einigen Nebengassen sitzen die Kleinhändler vor ihren Waren. Im Gegensatz zu anderen Märkten zeigt sich hier kein buntes Bild. Dürftigkeit und Resignation beherrschen den grauen Ort und die Menschen, die lethargisch auf mich wirken. Auch Hirten aus der Umgebung haben sich eingefunden. Sie machen einen gebeugten, ärmlichen Eindruck und betteln eine Touristengruppe an, die aus einem Toyota-Kleinbus aussteigt. Die Touristen, alle in Shorts, zeigen großes Interesse an dem typischen schweren Silberschmuck der Antandroy, der auf groben Leinensäcken, Strohmatten oder Plastiktüchern ausgebreitet liegt.

An einer Ecke gibt es Ziegen- und Zebufleisch zu kaufen. Verstümmelte, stinkende Kadaverteile, auf denen sich riesige Fliegenschwärme genüßlich niedergelassen haben. Ein alter Mann mit einem kegelförmigen, geflochtenen Basthut auf dem Kopf kauft gerade einen Klumpen unförmiges, abgelegenes Fleisch. Das bindet er an das Ende eines langen Steckens, den er über der Schulter trägt.

Es tut mir gar nicht leid, Ambovombe bald wieder zu verlassen. Die Landschaft verändert sich. Etwas östlich von der Ortschaft beginnen sich Sukkulentenwälder und Sisalplantagen auszudehnen. Im Hintergrund erhebt sich eine dunkle, bewaldete Hügelkette. Und wo noch Bäume stehen, sind Köhlerfamilien nie sehr weit. Entlang der Straße verkaufen sie vor ihren windschiefen, kleinen Hütten körbe- und säckeweise ihre schwarzen, staubigen Produkte. Der Chauffeur hält an, um eine beträchtliche Menge der feilgebotenen Holzkohle zu erstehen.

Wie kann man diesen Leuten einen Vorwurf machen, solange keine Alternative zur althergebrachten Energieversorgung vorhanden ist? Naturschutzgedanken sind wohl ein Luxus, den sich nur satte Menschen leisten können.

Wir durchqueren nun das Gebiet der Antanosy, deren Krieger einst gefürchtet waren. Vor ihnen mußten die ersten europäischen Siedler, Portugiesen wie Franzosen, kapitulieren. Auffallend sind wiederum die Grabstätten der Antanosy – hohe, teilweise bunt bemalte Steinpfeiler.

Die Vegetation wird allmählich reichhaltiger, dichter und frischer. Palmen, Bananenstauden, Agaven, Mangobäume und dazwischen wohlbestellte Felder, leuchtend grüne Reissetzlinge, Wiesen mit Kühen. Die Berge rücken näher, und es offenbart sich mir eine zauberhafte Landschaftsmischung aus Alpen und Tropen.

Dabei hatte ich erst gestern dem Chauffeur gegenüber erwähnt, daß Fort Dauphin wohl am Ende der Welt liegt, denn die dürre, weite Busch- und Steppenlandschaft kam mir schier endlos vor. Daraufhin hatte der Mann in seiner ganzen Leibesfülle gelacht und geantwortet: „Wir sehen das anders. Man muß *durch* das Ende der Welt, um nach Fort Dauphin zu kommen."

Jetzt sehe ich ein, wie recht er hatte.

Vom Berggeist und sprechenden Trommeln

Fort Dauphin, eine Stadt, die eher Dorfcharakter besitzt, gefällt mir augenblicklich. Das liegt vor allem an der ungemein reizvollen Lage. An drei Seiten wird der weitläufige Ort vom Meer umspült. Pittoreske Buchten bieten sich dem Auge dar und dahinter Berge, die bis zweitausend Meter hoch ragen. Jede Meeresseite hat ihren eigenen Charakter: Die östliche Bucht ist von Felsklippen umrahmt, und während im Norden die Wellen sanft und leise gegen den Strand plätschern, herrscht im Westen starke, tosende Brandung.

Der Pfad auf den „Pic Saint Louis", den Hausberg von Fort Dauphin, ist leicht zu finden. Vom fünfhundertdreißig Meter hohen Gipfel soll man einen grandiosen Ausblick haben. Ich bin noch keine zehn Minuten unterwegs, als ich Schritte hinter mir höre. Ich bleibe stehen und drehe mich um. Ein junger Mann kommt im schnellen Gang den Hang herauf. Was will er? War es leichtsinnig, die Wanderung allein zu unternehmen? Der „Verfolger" hält atemlos vor mir an und begrüßt mich höflich.

„Bonjour Madame."

„Bonjour Monsieur", antworte ich und betrachte neugierig den sauber und gut gekleideten Jungen.

„Ich möchte Sie begleiten", sagte er.

„Warum?" frage ich verwundert.

„Weil Sie allein sind."

Er will also Beschützer spielen. Hat er irgendwelche Absichten? Ich sehe ihn prüfend an. Er hat ein glattes, weiches Gesicht und schlanke, fast mädchenhafte Hände. Meine augenfällige Prüfung verwirrt ihn wohl. Nein, von ihm habe ich nichts zu befürchten, sagt mein auf Reisen wach gewordener Instinkt. Also lasse ich ihn gewähren und neben mir in seinen Gummisandalen herlaufen.

Allerdings kommt er leicht außer Atem. Eine Viertelstunde später sucht er sich einen Felsbrocken zum Ausruhen aus.

„Es ist sehr heiß", meint er.

„Ja", antworte ich ein wenig verdrossen. Ich würde gerne zügig weitergehen. So schlage ich vor: „Sie können sich hier ein wenig ausruhen, und ich gehe einstweilen voraus."

„Nein, warten Sie – ich komme schon mit!"

Und schon springt der junge Mann auf und heftet sich wieder an meine Fersen. Er scheint wirklich Bedenken zu haben, mich allein zu lassen. Dabei macht ihm das Bergsteigen offensichtlich gar keinen Spaß. Ich kann es kaum noch mit ansehen, wie er sich den Hang hinaufkämpft. Also setze ich mich nieder, um ihm eine Erholungspause zu gönnen. Da verschwindet er im seitlichen Gebüsch und kommt mit einer frisch gekappten, wild gewachsenen Ananas zurück. Während er die süße, saftige Frucht mit mir teilt, erfahre ich, daß er Ives heißt, achtzehn Jahre alt und Schüler auf der Oberschule ist. Sein Vater ist Beamter, und er hat noch sechs Geschwister, zwei sind bei der Geburt gestorben. Er kam gerade von der Schule, als er mich den Weg einschlagen sah.

„Ich kenne kein Mädchen und keine Frau, die freiwillig allein hier raufsteigen würde." Seine Worte hören sich fast ein bißchen vorwurfsvoll an.

„Aber was soll mir denn passieren?" fragte ich belustigt.

Ives zuckt erst mit den Achseln und will nicht so recht raus mit der Sprache. Dann gibt er seinem Herzen doch einen Stoß und flüstert, als hätte er Angst, daß uns jemand belauschen könnte: „Auf dem Berg wohnt ein mächtiger Geist. Man muß wissen, wie man ihn freundlich stimmen kann, sonst kann es gefährlich werden, ihm zu nahe zu kommen."

Also das ist es! Ich seufze auf und betrachte Ives von der Seite. Ein junger, moderner Mann mit westlichen Ausdrucksweisen und einer breiten Digital-Armbanduhr am Handgelenk – und doch ist er den alten Mythen eng verbunden. Wie schafft er es nur, diese Gegensätze in seiner Seele zu koordinieren?

Wenn ich also weitersteige, bringe ich den armen Jungen in ernstliche Gewissenskonflikte. Einerseits hat er Angst, weiter hinauf zu steigen, doch andererseits würde es seine Ritterlichkeit nicht zulassen, mich allein weitergehen zu lassen. Ich sehe hinauf zum wildgezackten Gipfel. Dunkle Wolken ziehen auf. Droht der Geist des Berges? Schickt er eine Warnung? Ich habe jedenfalls keine Lust, da oben im ungeschützten Fels in ein Gewitter hineinzugeraten. So entschließe ich mich zur Umkehr, sehr zur Freude meines jungen Begleiters. Es ist unglaublich, wie schnell er abwärts laufen kann. Plötzlich zucken Blitze auf, und der Donner dröhnt hinterher. Abgesandte des Berggeistes, die unseren Auszug aus seinem Revier vorantreiben? Als wir die Straße erreichen, fallen die ersten schweren Tropfen. Eine alte, runzlige Frau, die vier kleine, zuckerrohrkauende Kinder hütet, gewährt uns Unterschlupf in ihrem Haus.

Im Hotel Mahavoky, das zwar einfach, aber sauber und gemütlich ist, lerne ich zwei andere alleinreisende Frauen kennen. Die blonde, sommersprossige Ilse, eine österreichische Fremdsprachenkorrespondentin, und die dunkelhaarige, apart wirkende Astrid, eine deutsche Ärztin.

Wir drei unternehmen lange Spaziergänge und tauschen Erlebnisse aus. Auch Ilse und Astrid sind seit vielen Jahren, sooft es ihre Zeit erlaubt, in fremden Ländern unterwegs. Wie ich kennen sie das unbändige Fernweh, das man nur durchs Wegfahren und Reisen zu stillen vermag.

Abends frage ich Gérard, den Sohn der Hotelbesitzerfamilie, was denn „Mahavoky" bedeutet. Er lacht über meine Neugier und erzählt mir die Geschichte seiner Familie:

„Mein Vater hat als Postangestellter gearbeitet. Um nebenbei noch ein wenig Geld dazuzuverdienen, backte meine Mutter zu Hause jeden Tag einen Kuchen, den der Vater neben den Briefmarken stückweise verkaufte. Die Leute, die von dem Kuchen aßen, sagten zu meinem Vater, der Kuchen sei *mahavoky*. Das bedeutet soviel wie gut sättigend oder ausgiebig. Mit dem extra ersparten Geld konnte meine Mutter eine kleine Teestube aufmachen. Ihr Mahavoky-Kuchen war sehr gefragt. Danach eröffnete meine Mutter einen kleinen Laden und später einen größeren.

Erst vor kurzem haben wir uns entschlossen, dieses Hotel zu kaufen. Da mit dem Kuchen meiner Mutter alles anfing, nannten wir es ‚Mahavoky'."

Diese Geschichte gibt mir zu denken. Wie einfach ist es doch hier, wenn man fleißig und tüchtig ist, es zu etwas zu bringen. Jede Frau, die etwas Geschick hat, kann ihre Erzeugnisse zumindest am Straßenrand verkaufen. Wie kompliziert und aufreibend ist es dagegen bei uns, wenn man heute Erfolg haben will. Allein der schauderhafte Weg der Bürokratie, den man dabei beschreiten muß! Dabei meinen viele Madagassen, bei uns sei alles leichter und einfacher. Wie sehr sie sich doch irren!

Als Ives mich überraschenderweise im Hotel besucht, frage ich ihn, welche Ausflüge in die Umgebung er empfehlen würde.

„Sie wollen schon wieder allein ...?" fragt Ives erschreckt.

„Vielleicht kommen noch zwei andere Frauen mit."

„Fahren Sie gern Boot?"

„Ja – schon."

„Ich kenne einen Mann, der vermietet manchmal Pirogen an Touristen." Und Ives beschreibt mir eine Route, die sehr romantisch klingt. Am Ende der Bootstour winkt eine einsame Bucht, wo man ungestört baden kann.

Ich erzähle Astrid und Ilse davon. Beide sagen begeistert zu. Noch im Morgengrauen holt uns Ives mit dem klapprigen Lieferwagen eines Freundes vom Hotel ab und fährt uns ein gutes Stück aus der Stadt hinaus. Wir halten vor einem kleinen kastenförmigen Steinhaus. Ives spricht mit einem älteren Mann, der dann zwei Jungen, vielleicht fünfzehn und neunzehn Jahre alt, herbeiruft.

„Das sind seine Söhne", erklärt uns Ives. „Sie werden mit Ihnen mitkommen."

Die Söhne des Bootsverleihers ziehen eine Piroge ins Wasser, die allerdings keinen vertrauenerweckenden Eindruck auf mich macht, denn der Boden hat Risse, durch die bereits Wasser eindringt. Ich zeige darauf und weigere mich, in dieses Boot zu steigen. Da mischt sich der Vater ein, und Ives übersetzt: „Er sagt, sie werden die Risse ausbessern."

Ein dichtes Pflanzenlabyrinth empfängt uns

Obwohl die beiden Jungen nun eine fasrige Masse in die Risse stopfen, betrachten Astrid, Ilse und ich mit Unbehagen das Boot. Wir werden immerhin den Großteil des Tages darin verbringen. Der alte Mann demonstriert nun, daß das Boot dicht sei, indem er es wieder ins Wasser läßt. Nun, zumindest im Augenblick dringt wirklich kein Wasser ein.

Vorsichtig setzen wir uns in das wackelige Wassergefährt. Dann schieben die jungen Söhne des zurückbleibenden Alten das Boot an und setzen sich selbst ins vordere und rückwärtige Bootsende. Ives winkt uns nach. Er verspricht, uns am Abend abzuholen.

Nach der Überquerung eines teichähnlichen Gewässers tauchen wir in ein unüberschaubares, dichtes, dampfiges Pflanzenlabyrinth ein.

„Ziemlich abenteuerlich", meint Astrid hinter mir.

„Unwahrscheinlich schön ist das!" ruft Ilse.

„Ich hoffe, die Jungen kennen den Weg", ist mein Kommentar.

„Ich möchte mich hier nicht verirren."

Die schwüle, drückende Luft treibt Schweißbäche aus allen Poren, und das schon am frühen Vormittag.

Nach etwa dreistündigem, trägem Dahintreiben zwischen engen Wasserpflanzenwänden gleiten wir hinaus auf einen kleinen See, der in einen sehr großen See übergeht. Belebter Wellengang empfängt uns.

„Tut euch das Hinterteil auch schon so weh wie mir?" fragt uns Astrid.

Ilse und ich bejahen einstimmig. Wir sitzen bereits über vier Stunden auf den harten, schmalen Brettern. Doch durch die schönen Landschaftsbilder ist uns die Zeit schnell vergangen.

„Nach Ives Beschreibung müssen wir noch das Ende dieses Sees erreichen, dann können wir uns die Beine vertreten", muntere ich die beiden auf.

Endlich knirscht das sandige Ufer unter dem Einbaum, und völlig steif geworden, klettern wir an Land, während die beiden Jungen die Piroge über die Böschung heben. Vor uns liegt eine weite, saftige Wiese. Ich habe das Gefühl, auf einer österreichischen Alm zu sein. Unsere beiden Begleiter deuten auf einen Pfad. Leider können wir uns mit den beiden nur mit Gesten verständlich machen, da wir keine gemeinsame Sprache sprechen. Sie gehen voraus, und wir folgen ihnen. Am Ende des grünen Naturteppichs beginnt ein Weg über eine kahle, felsige Hügelgruppe. Von einer Anhöhe aus öffnet sich uns ein wunderbarer Blick auf die einsame, von Ives erwähnte Meeresbucht, die von dichter, wilder Vegetation umsäumt ist. Ein wahrhaft paradiesisches Fleckchen! Wir Frauen suchen uns eine geschützte Stelle, wo wir ungestört sonnenbaden und schwimmen können. Aber die beiden jungen Madagassen zeigen sowieso nicht das geringste Interesse an unserer Weiblichkeit.

„Von solchen Orten kann man zu Hause nur träumen", schwärmt Astrid und räkelt sich im heißen Sand.

Doch die Freude an dem herrlichen Platz hält nicht lange an. Eine düstere Wolkenfront nähert sich.

„Ich glaube, wir sollten umkehren", orakelt Ilse.

Lustlos ziehen wir uns an. Als wir auf die Bootsjungen treffen, lachen sie und deuten auf den grau werdenden Himmel.

„Sie wissen wohl, daß wir naß werden", deutet Astrid ihre Geste.

Als wir die Mitte des großen Sees erreichen, erhebt sich ein übelwollender Sturm, der die Wellen höllisch tanzen läßt. Das fragile Boot taumelt und schwankt von einer Seite zur anderen. Gischttragende Wellen werfen sich bedrohlich gegen den sich aufbäumenden und wieder senkenden Einbaum. Wir reiten dahin wie auf einem wild gewordenen Wasserpferd. Obwohl wir Frauen abwechselnd das dritte Ruderblatt einsetzen, haben wir das Gefühl, kaum von der Stelle zu kommen. Neue Sturmböen jagen heran und treiben mit dem Boot ein böses Spiel.

Nun entfacht sich ein Inferno, daß uns angst und bange wird. Wie in einem Gruselfilm laufen Blitze, riesige Feuernetze auswerfend, über das wolkenverhangene Firmament, und der Donner kracht, als wollte er mit seiner Kraft die ganze Pfefferinsel erbeben lassen. Jetzt öffnet der tiefhängende Himmel seine Schleusen, und eine Regenflut ergießt sich über uns, als sollten wir ertränkt werden.

Da das Wasser im Boot bedenklich steigt, beginnen wir Frauen emsig zu schöpfen. Unsere Hektik kostet die beiden Jungen nur ein überlegenes Grinsen. Gleichmäßig rudern sie weiter, als wäre eitel Sonnenschein. Doch wir sind sicher, daß es nicht mehr viel braucht, um das Boot zu versenken. Die verstopften Risse haben sich durch die intensive Regenspülung wieder geöffnet. Wasser dringt nun von oben und unten ein. Als das Boot halb voll ist, steht der Bootsrand auf der Höhe des Wasserspiegels, was die beiden Brüder weiterhin gleichgültig läßt.

„Ich glaube, wir saufen ab!" ruft uns Astrid ängstlich zu.

Auch mir ist ganz schön mulmig zumute. Da steht doch der jüngere Bruder auch noch auf, was er schon öfter getan hat, als er müde wurde, um sein Körpergewicht zu verlagern. Dabei stellt er sich nicht gerade geschickt an. Ich denke noch, er muß des Teufels sein! – als Ilse auch schon schreit: „Das Boot – Achtung!!"

Und schon landen wir alle im Wasser. Ich denke nur: Was bin ich froh, daß ich die Kamera im Hotel gelassen habe! Das war wahre Intuition! Und dann merke ich, daß das Wasser gar nicht tief ist und ich stehen kann. Auch die anderen finden Grund. Ich sehe mich um: Wir sind bereits nahe an der Durchgangsstelle zum kleinen See. Die beiden Jungen schauen wie zwei begossene Pudel drein, ziehen das Boot heran und drehen es um.

„Jetzt ist wenigstens das ganze Wasser raus", meine ich etwas makaber.

Es ist gar nicht so einfach, wieder in die Piroge zu kommen, die wieder allzeit kippbereit auf der unruhigen Wasserfläche schwankt. Abgesehen davon, daß das Wasser wieder von neuem eindringt und wir unentwegt schöpfen müssen, durchqueren wir den kleinen See ohne weiteren Zwischenfall. Wieder werden wir eingesponnen in das Netz der Wasserpflanzen, die ihre dunkelgrünen, verstrickten Arme nach uns ausstrecken. Der Regen prasselt nur noch leise herunter, und wir frieren jämmerlich. Die Ruder lenken uns einmal nach links, dann wieder nach rechts, wir kurven, wenden und fahren Schleifen, und wieder müssen wir durch eine enge Passage.

„Ob wir noch vor Einbruch der Nacht ankommen?" fragt Astrid besorgt.

Das ist auch Ilses und meine Sorge. Es wird zwar im Süden um etwa eine Stunde später dunkel als im Norden von Madagaskar, der näher am Äquator liegt, aber trotzdem – wir haben noch ein weites Stück zu schaffen.

Im einfallenden Dämmerlicht sehe ich etwa fünf Meter seitlich vom Boot entfernt etwas Längliches im Wasser schwimmen. Ein Ast wahrscheinlich. Aber das Ding bewegt sich ja! Es wird doch nicht ein . . .

„Gibt es hier Krokodile?" frage ich durch den Regenvorhang den hinter mir sitzenden Jungen.

Der grinst mich nur an. Ach ja, er versteht mich doch nicht. Aber ich bilde mir ein, daß er ebenfalls auf das Ding im Wasser starrt und seine Ruderschläge schneller werden.

„Hast du Krokodil gesagt?" schreit mich Ilse aufgeregt an.

„Ich bin mir nicht sicher. Es war wahrscheinlich ein abgebrochener Ast." Ich will zumindest niemanden in Panik versetzen.

Schade, daß es schon so dunkel ist, ich wäre mir doch gern sicher gewesen, wenigstens einmal ein Krokodil in Madagaskar gesehen zu haben.

Plötzlich springen die Brüder ins hüfttiefe Wasser und beginnen das Boot mitten in das dichte Pflanzengestrüpp zu schieben.

„Was haben sie vor?" fragt Astrid.

„Ich glaube, sie wollen eine Abkürzung nehmen", ist meine Ansicht.

„Aber da kommen wir nicht durch, das Boot ist zu wackelig", meint Ilse.

Wir haben bereits jeden Orientierungssinn verloren, und bald haben wir das Gefühl, daß sich auch unsere jungen Begleiter verirrt haben. Ihre Durchquerungsversuche erscheinen uns reichlich ziellos. Nun tritt ein, was wir befürchtet haben: Es wird Nacht.

„Ich glaube, ich verliere den Verstand!" ruft Astrid in die uns einhüllende Dunkelheit.

„Verdammter Mist!" ist Ilses Kommentar.

„Was soll schon passieren?" versuche ich die beiden zu beschwichtigen, aber sie merken mir natürlich an, daß mir das Herz genauso bis zum Hals schlägt.

Da gibt es einen heftigen Ruck, und wir bleiben im Pflanzengewirr hängen. Die Jungen zerren, schieben und stoßen. Die Piroge schwankt wie auf hoher See, aber wir sitzen fest. Zum Glück hat es aufgehört zu regnen.

Rundum quaken Frösche in einem Ton, als wollten sie uns verspotten. Leuchtkäfer schweben herbei, doch ihre winzigen Lichter reichen nicht aus, um uns Mut zu machen. Die Situation ist beängstigend gespenstisch, aber gleichzeitig auch schön, denn der Puls der Natur ist ganze nahe zu spüren. In diesem Augenblick, in dem ich nichts als den dunklen Raum um mich herum wahrnehme, habe ich das Gefühl, selbst nicht mehr zu sein, sondern vom Atem der Nacht aufgesogen zu werden.

„He, Christine, schläfst du!" ruft Ilse. „Sie wollen, daß wir aussteigen, damit sie das Boot freimachen können."

Was, rein in diese schlammige Brühe, in dieser kohlrabenschwarzen Finsternis? Ich denke an das längliche Ding vorhin im

Wasser. Ich möchte zwar gerne ein Krokodil sehen, aber nicht von einem gebissen werden. Und wer weiß, was noch alles in diesem Sumpf verborgen lebt. Die Bilharziosegefahr will ich schon gar nicht in meine Gedanken lassen.

„Wenn wir nicht die ganze Nacht hier verbringen wollen, müssen wir raus aus dem Boot“, sagt Ilse energisch, wohl um sich selbst Mut zu machen.

„Ich glaube, ich fange gleich an zu schreien“, flüstert Astrid, nahe einem hysterischen Ausbruch.

„Dann schrei doch!“ schlage ich vor.

Daraufhin gibt sie ihrer Angst freien Lauf. Es hört sich an, als würde eine Sirene losgehen. Als Astrid sich wieder beruhigt hat, tasten wir uns umständlich über den Rand des Bootes. Es kostet uns einige Überwindung, in das dunkle Wasser zu steigen.

Plötzlich sehen wir ein flackerndes Licht, vielleicht zwanzig Meter von uns entfernt. Die Jungen beginnen zu rufen. Eine unbekannte, männliche Stimme antwortet.

„Ich glaube, dein Sirenenruf hat jemand angelockt“, sage ich zu Astrid.

Die Jungen rufen wieder zurück. Da bewegt sich das Licht auf uns zu, und wir hören ein näher kommendes Plätschern. Eine Lampe leuchtet uns in die Gesichter, darauf folgt ein erstaunter, langgezogener Ausruf. Dann zerren die fremden Hände und wir alle gemeinsam an dem Boot. Die Schlingpflanzen geben nach, die Piroge ist frei.

Der Mann deutet uns an, ihm zu folgen. Mit bangem Herzen tapsen wir durch den bauchtiefen Morast hinter dem Licht her. Nach der Überwindung einer kleinen Böschung stehen wir auf einem dammartigen Landstreifen, den wir entlanggehen, bis wir zu einer Hütte aus geflochtenen Palmenblättern kommen. In der Hütte brennt ein kleines Feuer, um das ein paar Kinder, ein alter Mann und eine alte Frau sitzen. Erstaunte Augen richten sich auf uns jämmerlich frierende Gestalten. Der Mann, der uns hergebracht hat, zeigt auf die Feuerstelle, und wir hocken uns zu den Kindern. Als ich in die Augen der Alten schaue, spüre ich menschliche Wärme, die genauso guttut wie die ausstrahlende

Glut der Feuerinsel. Eine rundliche Frau, wohl die Mutter der Kinder und Frau unseres Retters, bringt uns gekochten Maniok und eine scharf gewürzte Tomaten-Kokosnuß-Sauce. Danach bekommen wir noch einen schwachen, aber heißen Tee, der die Kälte endgültig vertreibt.

Der Familienvater, der mich in seiner Art, vor allem durch seine witzigen Augen, an Simon erinnert – mein Gott, wie lange das schon her ist! –, rollt nun eine saubere Matte in einer freien Ecke des Raumes aus – unsere Schlafstätte. Dann bringt er uns eine graue, abgewetzte Wolldecke. Er murmelt dabei ein paar Worte, die wir leider nicht verstehen, aber ich glaube, er will sich entschuldigen, daß er nur diese eine Decke für uns hat. Wir müssen ganz nahe aneinanderrücken, damit wir alle drei darunter Platz haben.

„Ich hab' vorher gedacht, wir überleben diesen Ausflug nicht", sagt Astrid nun mit erleichterter, heiterer Stimme. „Ich habe ganz schön Angst gehabt. Dabei denken meine Verwandten und Bekannten, ich sei eine waghalsige Person, weil ich solche Reisen unternehme. Sie wollen mir nicht glauben, daß ich sogar ein großer Angsthase bin. Aber lieber habe ich manchmal etwas Angst, als daß ich später, wenn ich alt bin, nichts zu erzählten hätte."

„Mir geht es ähnlich", gesteht Ilse. „Auf Reisen schlottern mir ziemlich oft die Knie, doch wenn ich nicht wegfahren würde, würde ich das Leben nicht aushalten."

„Ich kann euch gut verstehen", pflichte ich bei. „Ich bin auch nicht besonders mutig, dafür aber schrecklich neugierig auf alles, was ich noch nicht kenne."

Jetzt finden wir die ganze Situation ziemlich grotesk und kichern gemeinsam unter der filzigen Decke. Kurz vorm Einschlafen dringen dumpfe Trommelklänge in mein halbwaches Bewußtsein. Und bald darauf ertönt eine andere Trommel, die mir weiter entfernt erscheint.

Am Morgen begrüßt uns der Tag mit einem klargefegten, blitzblauen Himmel. Das Leben sieht nun so einfach und harmlos aus. Wie konnten wir uns gestern nur so ängstigen? Unsere jungen

Begleiter warten bereits auf uns. Sie haben inzwischen das Boot ausgeschöpft und die Risse nochmals zugestopft. Wir bedanken uns bei der gastfreundlichen Familie, die uns vor einem ungewissen Ausgang des gestrigen Tages bewahrte.

Als wir den Ausgangspunkt unseres Ausfluges, der schließlich Expeditionscharakter angenommen hat, erreichen, sehen wir schon von weitem Ives vor dem schmucklosen Steinhaus auf uns warten.

Er steht da, als hätte er unsere Ankunftszeit an einem für uns unsichtbaren Fahrplan abgelesen. Als wir ihn begrüßen und voller Berichterstattungsdurst auf ihn stürzen, bemerke ich, daß er gar keinen besorgten Eindruck macht.

„Haben Sie diesmal keine Angst um mich gehabt?" frage ich neugierig.

„Nein, Sie waren ja nicht allein. Außerdem wußte ich, daß Sie in Sicherheit sind."

Natürlich, denke ich, die Trommeln – sie haben bereits alles erzählt.

Fleischfressende Pflanzen, Flamingos und ein Hauch von Freiheit

In der Stadt suchen wir Frauen in einem gutsortierten Laden, der von Indern geführt wird, eine Wolldecke aus. Wir überreichen sie Ives und bitten ihn, dafür zu sorgen, daß die Familie, die uns so warmherzig aufgenommen hat, die Decke bekommt.

Den restlichen Tag ruhen wir uns im Hotel Mahavoky aus, doch abends planen wir bereits wieder eine neue Erkundigungstour.

Jean, ein junger Geschäftsmann, den Ilse im Flugzeug nach Fort Dauphin kennengelernt hatte, besucht sie im Hotel. Als wir dann alle zusammensitzen, macht er uns den Vorschlag, mit ihm zur Südküste zu fahren. Er wisse auch einen Platz, wo es Flamingos gebe.

„Solange wir uns in keine Piroge setzen müssen, bin ich einverstanden", äußert sich Astrid. Ilse und ich stimmen zu.

Jean zeigt sich uns gegenüber sehr liebenswürdig und geduldig. Alle Augenblicke bleibt er mit dem Wagen stehen, damit wir Fotos machen können. Als er wieder einmal anhält, führt er uns auf einem schmalen Fußweg in das seitliche Dickicht. Auf einer kleinen Lichtung wächst eine Gruppe seltsamer Pflanzen, die becherförmige, etwa zehn Zentimeter große, blaßgrüne oder gelbliche Blüten tragen.

Nachdem wir alle drei schon Bilder davon gesehen haben, wissen wir sofort: „Das sind ja die fleischfressenden Pflanzen!"

Das hört sich natürlich unheimlich an, aber Jean erklärt beschwichtigend: „Die Pflanze hat nur Appetit auf kleine Insekten, die von der süß duftenden Flüssigkeit im Blütenbecher angelockt werden. Und die ist säurehältig und zersetzt das Opfer."

Als wir an riesigen Sisalplantagen vorbeikommen, schneidet Jean eines der langen, spitzen Blätter der Pflanze, die zu den Agavengewächsen gehört, ab und zeigt uns die inneren langen Fasern, aus denen Seile und grobe Flechtwaren gemacht werden.

Wir lassen die ausgedehnten Sisalpflanzungen, denen einst große Wälder zum Opfer gefallen sind, hinter uns. Eine breite Sandpiste führt uns an einen weit ausgedehnten See, dessen Wasser salzhaltig sein muß, da sich am Ufer weiße kristalline Ablagerungen zeigen. Die Fahrt geht zwischen dem gleißenden Ufersaum und einer sanften Hügelgruppe, auf dem sich aufgelockerter Baumwuchs zeigt, entlang. Einige Rinder laben sich an dem frischen, grünen Gras am Fuße der Hügelkette, das der Regen beschert hat.

Am Seeufer sehen wir buntbemalte und schwungvoll geformte Pirogen. Einige Männer, nur mit Lendenschurz bekleidet, hantieren daran herum, während eine Gruppe Frauen und Kinder sich unter einen schattenspendenden Baum zurückgezogen hat.

„Nomaden", bemerkt Jean mit leicht abfälligem Tonfall. Dann zeigt er an seinen Kopf und meint: „Die sind nicht sehr gescheit."

„Warum nicht?" frage ich.

„Sie sind noch sehr primitiv. Sie wollen in keinen Häusern wohnen, sondern leben lieber im Freien wie Tiere. Sie haben auch kein Geld, sie leben nur von ihren Rindern und den Fischen, die sie fangen."

„Brauchen sie denn keine anderen Nahrungsmittel wie Reis oder Maniok?" ist meine nächste Frage.

„Wenn sie etwas benötigen, tauschen sie es gegen Fische ein."

Der Grund wird feucht, und die Räder ziehen tiefe Spuren.

„Haben Sie nicht Bedenken, daß wir steckenbleiben könnten?" fragt Astrid, die das Terrain skeptisch betrachtet.

„Kein Problem", antwortet Jean lachend.

Hohe Dünenberge tun sich nun vor uns auf. Zarter blauer Dunst liegt darüber. Jean bleibt stehen, und wir steigen aus.

„Wir gehen zu Fuß weiter", erklärt der Madagasse.

Als wir auftreten, sinken wir bis zu den Knöcheln in den feuchten Salzmorast ein. Dagegen sind die Dünen aus feinstem Wüstensand. Zwischen zwei hohen Dünen endet der Salzsee in einer stillen Bucht. Und tatsächlich, da stehen Flamingos im seichten Wasser, sehen zerbrechlich aus wie Porzellan. Als wir zu nahe kommen, erheben sie sich mit sanft rauschenden Flügelschlägen, einer zartrosa Wolke gleich, um sich etwas weiter entfernt wieder niederzulassen.

Als unser Interesse an den feingliedrigen, pastellfarbenen Vögeln nachläßt, werden wir auf das starke Tosen in unserem Rükken aufmerksam.

„Ich glaube, wir sind ganze nahe am Meer"! ruft Ilse.

Wie drei übermütige Kinder laufen wir über die Dünen, wobei wir immer wieder im Sand einsinken; dem Rauschen entgegen. Weit und menschenleer liegt der Strand zwischen der rollenden Meeresbrandung und dem gelb wogenden Sandmeer. Die aufgeworfene Gischt erfüllt die Luft mit Millionen kleinster Wassertröpfchen.

„Ich komme mir vor wie in einem Aquarium", sage ich zu den beiden Frauen. „Die Luftfeuchtigkeit muß hier mindestens zweihundert Prozent haben."

„Seht euch nur die Farben an!" ruft Ilse begeistert.

Tatsächlich, ein spinnwebenfeiner, regenbogenfarbener Hauch schwebt über dem weißen, hochaufspritzenden Wellenschaum.

Kontrastreiches Madagaskar: Felsen- und Dünenberge

Jean winkt uns. Er will zurückfahren. Doch da kommt die befürchtete Überraschung. Die Reifen des Toyota-Lieferwagens, die in der Zwischenzeit ziemlich tief in den weichen Boden eingesunken sind, drehen durch. Jean gibt Gas, was die Lage noch schlimmer macht. Die Räder graben sich ein tiefes Bett.

Ilse, Astrid und ich schieben mit aller Kraft. Umsonst. Jean hat auch nichts dabei, was wir unterlegen könnten. Während wir noch einmal mit vereinten Kräften anschieben, bemerken wir auf der nächstliegenden Hügelkuppe einen Hirten. Reglos, wie verschmolzen mit der Umwelt, steht er dort oben, lässig gegen seinen Speer gelehnt. Jean ruft ihm etwas zu – da verschwindet der Mann hinter der weichen Rundung des Hügels.

„Diese Leute verstehen unsere Sprache nicht, sie sprechen ihre eigene", äußert sich Jean geringschätzig.

Nun versuchen wir die Reifen mit bloßen Händen freizugraben. Sinnlos. Die Räder fahren sich ständig von neuem fest. Im fernen Dunst entdecken wir einige sich nahende Gestalten. Es sind junge Nomaden, die kommen, um uns zu helfen. Der Hirte muß sie verständigt haben.

Sie sind stark, und bald sind die Räder frei. Mit freundlichen Gesten bedanken wir uns bei den hilfsbereiten, jungen Menschen. Die grinsen nur, als würde ihnen die Abwechslung, die wir in ihr abgeschiedenes Dasein gebracht haben, Spaß machen.

Wir fahren keine zehn Minuten, als der Wagen mit ruckenden Bewegungen stehenbleibt. Das Motorengeräusch stirbt ab.

„Sie haben uns verhext!" ruft Jean. „Sie haben den bösen Blick!"

Die jungen Leute holen uns ein, erstaunt, was denn nun wieder los ist. Es stellt sich schnell heraus, daß nicht der böse Blick der Nomaden Schuld an der Panne hat, sondern, daß zuwenig Benzin im Tank war. Jetzt stehen wir also da im Dämmerlicht, am sumpfigen Ufer eines entlegenen Sees, umringt von neugierigen, fast nackten Nomaden.

„Ich habe das Gefühl, wir sind wieder mitten in einer aufregenden Expedition", meinte Ilse belustigt. Zumindest ist es diesmal keine beängstigende Situation.

Während wir um das stumm gewordene Auto rumstehen und nicht wissen, was nun geschehen soll, kommen andere Nomaden, Frauen, Männer und Kinder, herbei und sehen sich ebenfalls die Blechkiste an, die keinen Mucks mehr von sich gibt. Jean beginnt mit Händen und Füßen auf die Nomaden einzureden. Er versucht ihnen begreiflich zu machen, daß er Benzin braucht. Aber woher sollen sie Benzin hernehmen? Alles was sie besitzen, sind Rinder und Boote, und die bewegen sich ohne Treibstoff vorwärts.

Plötzlich werden Ilse, Astrid und ich von umstehenden Frauen an den Händen gefaßt.

„Sie wollen, daß wir mit ihnen kommen", meint Astrid.

„Warum nicht? Was sollen wir um diese tote Karre länger rumstehen?" ist Ilses praktische Überlegung.

Die Frauen bringen uns in ihr Freiluft-Camp, das aus einer glosenden Feuerstelle und ein paar Matten drum herum besteht. Es riecht nach gebratenen Fischen.

„Lagerfeuerromantik, wie findet ihr das?" fragt Ilse heiter. Kein Zweifel, ihr gefällt dieses unbeabsichtigte Abenteuer.

Nun kommt auch Jean heran, er redet noch immer eindringlich auf die ihn begleitenden Nomaden ein. Ich glaube, er hat so gar keine Lust, die Nacht unter freiem Himmel zu verbringen. Schließlich setzt er sich still geworden auf eine Matte, doch den gebratenen Fisch, der ihm angeboten wird, lehnt er ab. Dagegen greifen Ilse, Astrid und ich mit großem Appetit nach den rauchig duftigen Fischen, die großartig, aber auch etwas sandig schmekken. Jean sieht uns lächelnd an, als wollte er sich für die Situation entschuldigen. Aber sein Blick ist auch skeptisch. Er hat wohl Bedenken, daß wir mit den Fischen einen bösen Zauber verschlucken könnten. In den uns umgebenden, ebenholzfarbenen Gesichtern kann ich nichts Böses entdecken. Ihr Blick ist offen und lebhaft, und sie scheinen uns freundlich gesonnen.

Die Kinder schauen unverwandt und neugierig auf die seltsamen Gäste. Als sie unseren Blicken begegnen und sie sich in ihrer Neugierde ertappt fühlen, rücken sie enger aneinander, als brauchten sie des Nächsten Schutz und Mut.

Ein Junge schlägt aus Verlegenheit einen Purzelbaum rückwärts, was bei den Erwachsenen laute Lachsalven auslöst. Es sind schöne Menschen mit ausdrucksvollen Gesichtszügen. Ihre Körper sind geschmeidig und stählern zugleich, geprägt vom Leben im Freien. Die Frauen tragen grob gewebte Stoffe, zwei Frauen haben Röcke aus dünnen Häuten an. Fast alle Nomaden haben um den Hals an schmalen Lederriemen ein Amulett hängen, das vor bösen Einflüssen bewahren soll.

In Madagaskar scheint fast jeder das Bedürfnis zu haben, sich vor jedem und allem zu schützen.

Jean beobachtet schweigend und distanziert die „Wilden", die ihm nicht ganz geheuer sind. Aber ich glaube auch in seinen Augen lesen zu können, daß er sie ein wenig darum beneidet, daß sie sich nichts aus Geld und Gewinn machen, sich nicht belasten mit steigenden Preisen und Steuern.

Nach dem Essen unterhalten sich die Nomaden ungezwungen. Sie haben zwar die Fremden in ihrem Kreis aufgenommen, lassen sich aber durch sie nicht stören. Ilse, Astrid und ich hängen jede unseren eigenen Gedanken nach.

Ich bin gerade dabei, dem Zauber dieser eigentümlichen Nacht vollends zu verfallen, als plötzlich grelles Scheinwerferlicht aufleuchtet. Jean springt auf und läuft dem sich nähernden Wagen entgegen. Er kommt zurück mit einem breitschultrigen, breitgesichtigen Madagassen.

„Das ist ein Aufseher von der Sisalplantage", erklärt uns Jean freudestrahlend. „Wir haben Glück, er hat Reservebenzin im Wagen."

Der Aufseher kriecht unter das Verdeck seines Kleinlastwagens und holt einen Kanister heraus, den er Jean überreicht. Jean borgt sich eine Taschenlampe von uns aus und marschiert dann mit dem wie vom Himmel gefallenen Benzinbehälter zu seinem Auto zurück.

Inzwischen hat der Neuangekommene einen Schwung Hanfseile und Stricke in verschiedenen Stärken den Nomaden vorgelegt. Diese prüfen eingehend die Qualität.

„Sie brauchen wohl Seile für die Boote", überlegt Astrid.

Die Nomaden wählen einige Schnüre und Seile aus. Nun bringt eine Frau einen Korb herbei, öffnet ihn und holt drei große Fische hervor. Der Aufseher scheint mit dem Entgelt einverstanden.

Jean kommt nun mit dem neu belebten Toyota herangekurvt. Er gibt dem Plantagenaufseher den Kanister zurück und drückt ihm etwas Geld in die Hand. Als wäre es das Selbstverständlichste, was uns widerfahren ist, ruft Jean: „Einsteigen bitte, die Reise geht weiter!"

Uns dreien fällt es schwer, uns von dem anheimelnden Lager und dem aufregenden Hauch der Freiheit und des Ungebundenseins so plötzlich zu trennen.

Die Frau, die offenbar die Fische verwaltet, öffnet nochmals ihren Korb und langt nach einem dicken, silbrig glänzenden Schuppenleib, den sie uns hinhält. Ich überwinde als erste den Ekel und fasse nach dem glitschigen Fisch. Astrid will der Frau dafür Geld geben, doch die lacht darüber, voll aus dem Bauch heraus. Sie will das Geld nicht.

Zögernd verabschieden wir uns von den Menschen im Dunkeln und steigen in das wartende Auto. Jean fährt an. Ich drehe mich

Die Frauen tragen schwere Lasten mühelos auf dem Kopf

um und sehe den flackernden Feuerschein, der uns für eine kurze Weile Behaglichkeit schenkte, immer schwächer werden.

Ein Vorfall, von dem ich nicht gerne spreche

Gern wäre ich noch mit Ilse und Astrid länger zusammengeblieben, aber jede von uns hat andere Pläne. So gut wir uns auch verstehen, so ahnen wir doch, daß wir uns kaum wiedersehen werden, was mit Reisebekanntschaften in der Regel der Fall ist. Wenn man allein unterwegs ist, trifft man so viele bemerkenswerte Menschen, daß es einem unmöglich ist, in dem Wust von Aufgaben und Interessen, die wieder zu Hause auf einen warten, alle Reisebegegnungen auf Dauer zu pflegen. Immer wieder habe ich die Erfahrung gemacht, daß ich die abenteuerlichsten, aufregendsten Reiseerlebnisse mit Menschen hatte, die ich weder vorher kannte, noch später wiedertraf. Das hat mir anfangs in meinem Reiseleben große Schwierigkeiten bereitet und oft sehr weh getan, weil ich Erlebnisse, die mich aufgewühlt, begeistert oder mitgerissen haben, und auch die daran beteiligten Personen festhalten wollte. Mit der Zeit habe ich dann gelernt, daß ich loslassen muß, um stets für neue Begegnungen, neue Erfahrungen offen zu bleiben.

Nachdem ich höre, daß die Strecke zwischen Fort Dauphin und Fianar wieder befahrbar ist, nehme ich den nächsten Bus dorthin. Ich habe das Gefühl, daß Hühner in Legebatterien mehr Platz haben als wir in diesem zum Bersten vollgestopften Vehikel. Körbe, Kisten, Säcke, Töpfe, Hühner, Enten, Truthähne, Maiskolben, Sisalmatten werden unter die Sitze und in die Gepäckablage gestopft. Es gibt keinen freien Mittelgang, da auch dieser voll mit Menschen und Lasten ist.

Zwei Kinder sitzen auf meinen Knien, die ohne das zusätzliche Gewicht schon Mühe haben, hinter den engen Sitz zu passen. Die süßen Kleinen, ein Mädchen und ein Junge, kauen an ausgefransten Zuckerrohrstangen, mit denen sie zwischendurch einen lebhaften Zweikampf ausfechten, wobei ich auch von Zeit zu Zeit etwas abbekomme. Etwas gequält sehe ich nach der Mutter, die neben mir sitzt. Doch die hat im Moment nur Augen für das Jüngste, das hungrig an ihren prallen Brüsten saugt. Unter meinem Sitz schmachten fünf Hühner, wovon mich eines konsequent ins Bein pickt. Als der Chauffeur wegen eines Loches in der Straße scharf abbremst, fällt eine Ente aus der Gepäckablage und flattert aufgeregt über die Köpfe der Fahrgäste. Alle versuchen mit Gekreisch das Federvieh zu erhaschen. Jeder scheint daran Spaß zu haben, bis auf die Ente, die wieder eingefangen wird.

Dunkelheit senkt sich über die Kakteenwüste. Ich spüre meine Beine nicht mehr, sie sind eingeschlafen, und so auch die zwei Kleinen, die nun schwer in meinen Armen liegen. Meine Nackenmuskeln sind verspannt, und meine Blase droht zu platzen. Wir haben schon lange keine Pause mehr gemacht. Auch andere Passagiere werden vom gleichen Leiden geplagt. Sie rufen dem Chauffeur zu, daß er doch mal halten möge. Doch der stellt sich taub. Eine Sternschnuppe fällt vom Himmel. Ich wünsche mir, daß wir endlich stehenbleiben. Mein Wunsch wird erhört. Wir fahren in einen kleinen Ort ein und bleiben vor einem Hotely, aus dem flackerndes Petroleumlicht dringt, stehen.

Sofort springe ich von meinem Sitz auf, wobei ich die Kinder vergesse, die verdattert von meinem Knie rutschen. Ich habe nur das eine Bedürfnis, so rasch wie möglich rauszukommen. Ich stürze über unzählige Bündel und dränge mich zwischen sich lahm aufrichtenden Passagieren hindurch. Endlich bin ich heraus aus dem Bus und bemerke, daß sich andere Passagiere bereits in stille Gassenwinkel zurückgezogen haben. Doch in einer Ortschaft habe ich dazu Hemmungen.

Ich stürme in das kleine Restaurant und frage ein Mädchen, das einem Gast gerade eine dampfende Suppe bringt, nach einem gewissen Örtchen. Diese Frage wird in jeder Sprache verstanden. Das junge Ding zeigt hinaus in den dunklen Hof. Da draußen ist es zappenduster. Jetzt erst komme ich darauf, daß ich die Taschenlampe im Bus vergessen habe. Was soll's! Ich tapse vorwärts, sehe die Umrisse eines Verschlages, öffne die knarrende Blechtür, mache noch einen Schritt – da höre ich es fürchterlich krachen und bersten und falle in ein dunkles Loch.

„Scheiße!" schreie ich laut, und das stimmt im wahrsten Sinn des Wortes. Ich stehe mittendrin in der stinkenden Kloake. Ich schreie wie am Spieß. Ich kann mich nicht erinnern, jemals so hysterisch gewesen zu sein. Ich wage nicht daran zu denken, wieviel Krankheiten ich mir hier holen könnte. Endlich höre ich tapsende Schritte.

„Hier bin ich!" schreie ich aus Leibeskräften.

Die Schritte verstummen, kommen aber wieder zurück, diesmal in Begleitung einer Petroleumlampe. Als der Lichtschein auf mich fällt, höre ich einen erstaunten Ausruf, der wohl so etwas wie „Ach du meine Güte" bedeuten mag. Es ist eine alte Frau. Sie ruft einen Namen, und das junge Mädchen, das mir den Weg gewiesen hat, taucht an der Seite der Alten auf. Als sie die Bescherung sieht, kichert sie. Die Alte schubst sie an, und gemeinsam ziehen sie mich aus dem Loch. Jetzt erst sehe ich das morsche, verfaulte Brett, das unter meinem Gewicht eingebrochen ist.

Das junge Mädchen bringt mich in einen anderen Verschlag, das „Badezimmer", in dem Kakerlaken, verwirrt über die späte Störung, durcheinanderlaufen, bevor sie sich in dunkle Ritzen verkriechen. In der Mitte des engen Raumes liegt ein Stein, auf den man sich stellt, während man das Wasser über sich gießt. Wasser! Das bringt das Mädchen in großen Kübeln herbei. Ich ziehe die verdreckten Kleider aus und schiebe sie in eine Ecke. Dann schrubbe ich mich im Schein der Lampe, bis mir die Haut weh tut.

Das Mädchen reicht mir einen Lamba Oany, ein Wickeltuch, wohl das praktischste Kleidungsstück der Welt. Als ich so in den Gastraum zurückkehre, sind alle Blicke auf mich gerichtet. Was mir passiert ist, hat sich natürlich längst herumgesprochen. Ich höre Gelächter und Händeklatschen, als gäbe ich eine Vorstellung. Ich wage kaum die Augen zu heben und bitte einen Jungen von der Bus-Crew, mir den Rucksack vom Busdach runterzureichen, damit ich mich neu einkleiden kann.

Über dieses Erlebnis spreche ich eigentlich nicht sehr gerne, und ich war mir nicht sicher, ob ich es in diesem Bericht erwähnen sollte. Ich habe es mir lange überlegt und mich dann doch dafür entschieden. Vielleicht um einen zarten Hinweis zu geben, was geschehen kann, wenn man auf fremdem Boden im Dunkeln ohne Taschenlampe herumtappt.

Ahnenbesuch, Baumgiganten und ein Märchensee

Mein nächstes Ziel ist Morondava an der Westküste. Der Ort ist vor allem reizvoll wegen des nahen Riesenbaobab-Waldes. In der Stadt treffe ich Michèle und Pierre wieder. Ich bin entsetzt, wie blaß Pierre aussieht und wie mager er geworden ist.

„Wir mußten noch eine Woche in Tuléar bleiben, weil es Pierre so schlecht ging", erfahre ich von Michèle. „Wir dachten schon daran, den Urlaub abzubrechen."

Markt bei Morondava

„Und jetzt? Geht es ihm besser?"

„Ein wenig. Aber er steht halt noch auf schwachen Beinen."

„Hat er etwas gegessen, was ihm nicht bekommen ist?"

„Nicht bewußt jedenfalls. Wir haben beide immer das gleiche gegessen." Da fällt mir das Grab bei Betioky ein, an das sich Pierre beim Fotografieren gelehnt hat. Seine Krankheit kann natürlich unterschiedlichste Gründe haben, aber die Mahafaly wären gewiß überzeugt, daß der Verstorbene sich für seine gestörte Ruhe gerächt hat.

Bei Krevetten in Kräutersauce und einem phantastischen Brotpudding als Nachspeise, den Pierre verschmähen muß, da es noch in seinem Magen rumort, beschließen wir drei, einen Ausflug rund um Morondave zu unternehmen. Das französische Paar ist auch an den alten Sakalava-Gräbern, die für ihre erotischen Holzschnitzereien bekannt sind, interessiert. Wir handeln mit Isidore, Taxichauffeur und stolzer Besitzer eines blitzblank geputzten Renault R4, einen annehmbaren Preis für die Tour aus. Bevor wir die Stadt verlassen, empfiehlt uns Isidore, eine Flasche Rum zu kaufen, um die Ahnen versöhnlich zu stimmen.

Bald fahren wir einen schmalen Weg entlang, der in einem ruhigen Sakalava-Dorf endet. Während Isidore in einer strohgedeckten Hütte verschwindet, beobachten Michèle, Pierre und ich vier kleine Ferkel, die grunzend im Abfall herumwühlen. Wir wundern uns, wie sauber diese Tiere sind.

Isidore kommt in Begleitung von zwei einheimischen Männern zurück. Der ältere von ihnen ist das Oberhaupt der Familie, deren Gräber wir besichtigen werden, der jüngere ein weiterer Verwandter. Die beiden Männer sind einverstanden, uns zu ihren Ahnengräbern zu führen.

Der Fußpfad windet sich durch einen lichten Trockenwald. Auf einmal verdichtet sich vor uns der Pflanzenwuchs. Die Einheimischen bleiben stehen, und das Familienoberhaupt fragt, ob wir Rum dabei hätten. Wir nicken und reichen dem Mann das geistige Getränk. Mit der Ein-Liter-Flasche im Arm taucht der Mann hinter das spinnwebenvernetzte, dürre Gestrüpp, das einem Vorhang gleich den geheimen Ort verborgen hält. Der jüngere Mann folgt dem älteren Verwandten und deutet uns an, ebenfalls mitzukommen, aber etwas Abstand zu halten.

Als wir auf der anderen Seite des Schlingpflanzenvorhanges wieder auftauchen, befinden wir uns auf einem kleinen Platz, auf dem, zwischen alten Tamarindenbäumen versteckt, ein Meter hohe, viereckige Gräber, teils aus Stein, teils aus Holz, stehen. Von den Bäumen hängen lange, ineinanderverschlungene Luftwurzeln herab, die dem Ort eine mystische Atmosphäre verleihen.

Vom Rande des Platzes aus verfolgen wir gespannt das Tun des Familienchefs. Er öffnet nun unter einem bejahrten Baum die Rumflasche und beginnt mit bedächtigen Schritten den knorrigen Baumstamm zu umgehen, wobei er ihn mit einigen Tropfen Alkohol besprengt. Dabei macht er eine sehr ernste, andächtige Miene.

„Er spricht mit den Ahnen“, raunt uns Isidore zu.

Ich wage kaum zu atmen, um dieses feierliche Zwiegespräch nicht zu stören. Der Mann unter dem alten Tamarindenbaum murmelt im singenden Tonfall einige Wörter. Dann verstummt er und lauscht. Sanft fährt der Wind durch Zweige und Blätter. Geben die Ahnen nun Antwort? Mit einem heiteren, zufriedenen Gesichtsausdruck tritt der Mann unter dem Blätterdach hervor.

„Die Ahnen sind mit unserem Besuch einverstanden", erklärt Isidore. „Sie heißen uns willkommen."

In diesem Augenblick muß ich daran denken, daß die französischen Kolonialisten mit neuen Gesetzen und die Missionare mit religiösen Umerziehungsaktivitäten versucht haben, die „abergläubischen, rückständigen" Sitten der Madagassen zu entkräften. Doch wie wir gerade hautnah miterleben, sind die Menschen der Pfefferinsel, trotz entstandener Verunsicherung durch die Fremdbestimmung, ihren herkömmlichen Bräuchen treu geblieben.

Langsam lösen wir uns aus dem Bann der packenden Handlung und schauen uns um. Auf einigen Eckpfeilern stehen geschnitzte Holzskulpturen. Eine Frauenfigur mit absonderlich großen Brüsten fällt mir auf. Isidore bemerkt meinen erstaunten Blick.

„Diese Frau hat sehr viele Kinder gehabt", erklärt er mir das Kunstwerk.

Demnach sind Riesenbrüste ein Symbol der Fruchtbarkeit.

Dann zeigt Isidore auf die leeren Eckpfosten. „Hier überall befanden sich früher Figuren, aber sie wurden alle gestohlen. Die Dorfbewohner sind sicher, daß es Touristen waren."

Touristen haben hier wohl nicht den besten Ruf. Ich frage mich nur, wie Touristen hierhergekommen sein sollen ohne einheimische Führung?

Ich mache gerade meine dritte Fotoaufnahme, als mich ein großes, wespenähnliches, laut surrendes Insekt attackiert. Ich weiche erschrocken zurück, doch es folgt mir auf Schritt und Tritt. Ich flüchte zu den anderen. Das Insekt schwirrt ab. Die Einheimischen lachen. Doch ich fühle mich nicht mehr wohl an diesem Ort, der eigentlich nur den Toten vorbehalten ist und jenen, die mit ihnen sprechen können. Mir ist, als wäre ich in ein fremdes Reich eingedrungen, in dem ich nicht willkommen bin.

Ob uns die Dorfbewohner vom Wohlwollen der Ahnen nur erzählt haben, um zu der Flasche Rum zu kommen? Daß ihnen nicht allein an dem Geist der Vorfahren, sondern auch an dem unseres flüssigen Mitbringsel liegt, wird mir klar, als wir uns zum Rückweg entschließen, die beiden Sakalava-Männer jedoch zu verstehen geben, daß sie noch bleiben wollen.

Zurück auf dem Pfad bemerke ich, daß der Deckel meines Objektivs fehlt. Ich muß ihn während der Flucht vor dem Insekt fallen gelassen haben. Also kehre ich zurück an die Grabstätte. Da sitzen die beiden Verwandten der hier beerdigten Toten unter dem stattlichen Zeremonienbaum und reichen sich gegenseitig die Flasche, die nur noch halb voll ist. Als sie mich wahrnehmen, grinsen sie mich an wie ertappte Kinder, die sich über die Marmeladegläser in der Vorratskammer hergemacht haben. Ich finde den Objektivdeckel, nicke den Männern lächelnd zu und lasse sie wieder allein beim Zechgelage mit ihren Ahnen.

Unsere Ausflugstour geht weiter. Isidore fährt zurück auf die Hauptstraße. Schon von weitem sind sie sichtbar: Baobabs von kolossalem Wuchs. Wie Riesenpilze überragen sie das flache Land. Die imposanten Affenbrotbäume werden größer und mächtiger, je näher wir ihnen kommen. Wir biegen in den sandigen Fahrweg ein, der nach Belo-sur-Tsiribihina führt. Kurz nach der Abzweigung stehen die gewaltigen Baumgiganten wie zu einer großen Familie gruppiert zusammen. Jeder einzelne Baum präsentiert sich hochgewachsen und stolz wie ein König. Neben diesem überwältigenden Ausdruck der Natur kommen wir uns vor wie Zwerge. Welch ein Anblick muß es gewesen sein, als die ganze Region noch dicht mit Affenbrotbäumen bewachsen war! Doch wie alle Bäume in Madagaskar sind auch diese Riesen gefährdet.

Wir sehen zwei Einheimische, wie sie mit Hacken auf die Rinde eines Baobabs einschlagen. Dabei hat es den Anschein, als würden Ameisen auf einen Elefanten losgehen. Als wir näher kommen, schauen uns die Männer zwar erstaunt an, lassen sich aber nicht in ihrem Unterfangen stören. Wir erkennen, daß das Holz sehr fasrig ist, sich also kaum als Baumaterial eignen dürfte.

„Wird es als Feuerholz verwendet?" frage ich Isidore. Er schüttelt den Kopf. „Nein, dazu ist das Holz zu naß, weil der Baum das

Grabfiguren der Sakalava

ganze Regenwasser darin speichert. Deshalb kann ein Baobab lange Zeit ohne Regen auskommen."

„Wozu brauchen die Leute dann das Holz?" fragte Michèle neugierig.

„Damit füttern sie ihre Tiere. Die mögen das."

Sind demnach die Giganten nach und nach als Futterpflanzen geopfert worden?

„Isidore, wie alt sind die Baobabs, die hier stehen?" ist meine nächste Frage.

„Sehr alt", meint Isidore.

„Wie alt?"

Isidore zuckt mit den Achseln. „Sehr alt eben."

„Ich habe gehört, daß sie viele hundert oder gar tausend Jahre alt werden", antwortet Pierre darauf.

Wir fahren mit dem Renault ein Stück weiter und kommen an der massigen Gestalt eines querliegenden Affenbrotbaumes vorbei. Seine Rinde ist noch unangetastet.

„Ich glaube, dieser Baum ist an Altersschwäche gestorben", ist Pierres Ansicht.

Man kann es einem vielleicht Tausendjährigen nicht verdenken, wenn er genug hat vom langen, langen Leben, einfach umfällt und seinen letzten Atem aushaucht.

Ein Einheimischer kommt uns entgegen. Er trägt zuckermelonengroße, braune Früchte am Handgriff seiner geschulterten Machete.

„Isidore, was für Früchte sind das?" fragen wir interessiert.

Isidore deutet auf die Affenbrotbäume. „Es sind ihre Früchte. Sie wachsen da ganz oben."

Wir schauen hinauf in die schwindelerregende Höhe. Isidore bleibt stehen, steigt aus und spricht mit dem dörflich gekleideten Mann. Der lacht und hält uns die Früchte entgegen.

„Sie können eine davon kaufen", sagt Isidore.

Was wir aus Neugierde auch tun. Die Schale der Frucht füllt sich samtartig an. Isidore bricht sie für uns auf. Das Innere ist eine weiße, klebrige Masse, die sich anfühlt wie Styropor und säuerlich erfrischend schmeckt. Im hellen Fruchtfleisch stecken

Wie Riesenpilze überragen Baobabs das Land

dunkle, ebenfalls eßbare Kerne, die einen nußartigen Geschmack haben und stark ölhaltig sind.

Als wir in der einfallenden Dämmerung an besonders starken, hochgewachsenen Baobabs vorbeifahren, haben wir das Gefühl, von diesem Platz wie von einem Magnet angezogen zu werden.

„Isidore", sage ich, „wir möchten hier gern den Sonnenuntergang fotografieren." Isidore hat nichts dagegen.

Mächtigen Steinsäulen gleich stehen die Baumkolosse da, wie monumentale Zeugen der Natur, die jahrhundertelanges oder gar tausendjähriges Geschehen in sich tragen und in deren Nähe die Gegenwart bedeutungslos wird. Ich entferne mich ein wenig von den anderen, um dieses Naturwunder allein zu erleben.

Über den hohen, bizarr geformten Wipfeln ziehen luftige, zarte Wolkengebilde auf. Als würden unzählige, unsichtbare Scheinwerfer eingeschaltet, werden die Wolken rosafarben bestrahlt. Die Färbung wird intensiver, wechselt von Lila und Orange in blutrote Töne über. In diesen Minuten, in denen sich Tag und Nacht begegnen, wird das Land von einem stillen, magischen Zauber erfaßt. Beginnen nun die Riesenbäume zu sprechen? Andächtig stehe ich da und höre hinein in den entschwindenden Tag, der sich mit einem faszinierenden Farbenschauspiel verabschiedet. Unabhängig von jeder Religion – in diesem Augenblick ist Gott nahe.

Michèle, Pierre und ich sitzen frühmorgens am Strand von Morondava, als Isidore herankommt und sich zu uns gesellt. Unsere Augen folgen einem auslaufenden, viermastigen Segelschiff, bis es mit dem Horizont verschmolzen ist.

„Es ist schon einige Zeit her", beginnt Isidore eine phantastische Geschichte, „da saß ich genau an dieser Stelle. Ich war allein, als ich eine Wassernixe auf mich zukommen sah. Sie richtete sich auf, bis ihr ganzer Oberkörper aus dem Wasser herausschaute."

„Wie sah sie denn aus?" fragt Pierre halb neugierig, halb spöttisch.

„Wie eine ganz normale Frau. Sie hatte Brüste – na ja, wie jede andere Frau auch ... Ich bekam Angst und lief davon. Allerdings ärgerte ich mich später darüber, denn man sagt, daß Nixen den Männern, denen sie sich zeigen, zu großem Reichtum verhelfen."

Michèle, Pierre und ich sehen uns amüsiert an, aber noch ehe wir Isidore ein nachsichtiges Lächeln schenken können, plaudert er fort: „Auch im Heiligen See gibt es Nixen und riesige Krokodile."

Jetzt wird die Sache für uns interessant, und wir überlegen. „Können Sie uns hinfahren?" fragen wir schließlich.

„Ja, schon, aber ..."

„Aber was, Isidore?"

„Nun, der Weg ist weit und sehr schlecht."

Trotzdem gelingt es uns, Isidore zu überreden, der eigentlich vorhatte, uns zu anderen Sakalava-Gräbern zu bringen.

Isidore hat nicht übertrieben. Der Weg ist miserabel, und wir werden ordentlich durchgeschüttelt. Der kleine Renault muß über Stock und Stein springen und wird über struppiges Gestrüpp gejagt. Wäre es mein Wagen, ich hätte Angst um die Bremsleitung oder den Auspuff. Doch als wir nach mehr als drei Stunden aussteigen, macht sich Isidore scheinbar nur Sorgen um den weißen Lack, der mit großen Schlammklumpen vollgespritzt ist. Mit schmollender Miene holt er ein Tuch unter einem Autositz hervor und beginnt die gröbsten Flecken zu entfernen. Wir fragen ihn aber nicht, warum er das tut, da das Auto auf der Rückfahrt sowieso wieder schmutzig wird.

Endlich ist Isidore mit dem Putzen fertig und schlägt einen ziemlich feuchten Pfad ein. Hier begegnen wir einem Einheimischen von sehr kleinem Wuchs und einem heiteren, kindlichen Gesicht. In der Art, wie er sich mit Isidore unterhält, erinnert er an einen sorglosen, naiven Jungen, doch gleichzeitig hat er auch die Haltung eines lebensklugen Weisen an sich.

„Der Mann sagt, er kennt eine Abkürzung zum See. Er wird uns hinbringen." Damit folgt Isidore der zwergenhaften Gestalt, und wir marschieren hinterher.

Eine lange, gelbschwarze Schlange flieht in schnellen Zickzackbewegungen vor uns. Auf einmal endet der schmale Weg vor einem dichten Schilfgürtel. Der kleine Mann und Isidore bleiben stehen.

„Wenn Sie zum See wollen, müssen wir hier durch", verkündet Isidore.

„Da durch?!"

Unwillkürlich muß ich an die abenteuerliche, schaurige Nacht im Sumpf mit Astrid und Ilse denken. Irgendwo in dem gut zwei Meter hohen Schilf plumpst ein Tier schwer ins Wasser. – O nein, hier bringt mich keiner durch!

Auch Pierre und Michèle haben nicht die geringste Lust, durch die dunkle, schlammige Brühe zu waten. Als wir unsere Ablehnung gestenreich kundtun, lacht der Einheimische belustigt auf. Er hat ein unbestritten sonniges Gemüt.

„Gibt es denn keinen anderen Weg zum See?" erkundigt sich Pierre.

Isidore nickt mit dem Kopf, was bei ihm wie bei den meisten Madagassen „nein" bedeutet. „Der ganze See ist von diesem breiten Schilfgürtel umgeben."

Während Isidore erleichtert zu sein scheint, daß wir nicht durch den Morast wollen, stehen Michèle, Pierre und ich mit hängenden Köpfen da. Gerne hätten wir den vielversprechenden See gesehen.

„Gibt es hier wirklich Krokodile?" frage ich den Einheimischen, der ein wenig französisch spricht.

„Ja, viele Krokodile", antwortet der, wobei sich die unzähligen Lachfältchen um seine Augen vertiefen.

„Und Wassernixen?" Ich bin neugierig auf seine Reaktion. Isidore muß ihm das Wort „Nixen" übersetzen.

Auch das bejaht der Mann, als wäre es das Selbstverständlichste auf der Welt. „Ich habe schon dreimal eine Wasserfrau gesehen."

Wir wollen seine Aufrichtigkeit nicht anzweifeln und machen uns bereit zur Rückkehr, als uns der kindliche Mann zu einer kaum sichtbaren Fußspur heranwinkt, die durch enges Gehölz und hohes Gras parallel zum Schilfgürtel verläuft. Wir folgen ihm, bis wir aus dem schwülen, dumpf riechenden Gestrüpp herauskommen und wieder an die breite Schilfwand, nur an entfernterer Stelle, gelangen.

„Da sind ja Boote", ruft Pierre erstaunt.

Tatsächlich, drei Pirogen liegen unter einem Strauch. Und jetzt sehen wir auch das Loch im Schilfwall, das unseren Blicken freie Einsicht gewährt. Statt dem hohen Schilf breitet sich vor uns ein flacher, grüner Wasserteppich voller lila Blüten aus. Dahinter offenbart sich der See im dunkel schimmernden Blau. Wie verzaubert stehen wir da. Es ist wahr, es ist ein Märchensee! Jetzt glaube ich auch, daß sich an diesem abgeschiedenen, paradiesischen Ort Nixen, Elfen und vom Menschen bedrohte Tiere verborgen halten. Isidore schaut ebenfalls verwundert durch die Schilföffnung, die er bis jetzt noch nicht gekannt hatte.

„Kann uns jemand auf den See rudern?" möchte ich wissen, voller Sehnsucht, mehr von dieser geheimnisvollen Idylle zu sehen.

„Das geht jetzt nicht", gibt uns das Männchen zu verstehen. „Die Strömung ist im Moment ungünstig. Nur zu bestimmten Zeiten treiben die Wasserpflanzen auseinander, und nur dann können die Fischer mit den Booten auf den See fahren."

Enttäuscht schauen wir auf den eng verflochtenen Pflanzenteppich, der geschlossen vor uns liegt. Ich ahne, wir sind den Bewohnern des Heiligen Sees nicht willkommen. Mein Blick fällt auf den kleinen Mann neben mir, und ich begegne seinen Augen, die mich hell und freundlich anstrahlen. Um Wasserelfen und Nixen nahe zu kommen, bedarf es wohl so eines reinen, kindlichen Gemüts, das uns Menschen, die nicht mehr an Märchen und Naturwesen glauben, verlorengegangen ist.

Die königliche Familie

Die Strecke nach Belo-sur-Tsiribihina ist von wildromantischer Schönheit. Die Naturstraße ist teilweise so eng, daß das Taxi-Brousse auf beiden Seiten am dichten Buschwerk streift. Auf der Route liegen nur wenige Dörfer, die nicht mehr als ein bis zwei Handvoll Hütten zählen. Immer wieder ragen schlanke, hohe Baobabs aus dem Trockenwald hervor, aber sie sind nicht mehr so imposant wie jene bei Morondava.

Hüttendörfer im dichten Buschwald

Michèle, Pierre und ich kommen uns vor wie in einem großen Tiergarten. Viele Sifakas hocken so nahe in den Zweigen am Wegesrand, daß wir sie mit ausgestreckter Hand berühren könnten, würden sie es zulassen, und der staubfarbene Buschwald zeigt sich auch voller bunter Vögel.

Nach einer anstrengenden Halbtagesreise endet der Fahrweg an einem breiten, braunen Fluß.

„Und wie kommen wir jetzt nach Belo-sur-Tsiribihina?" fragen wir verwundert.

„Die Fähre ist schon lange außer Betrieb. Sie müssen eine Piroge nehmen", erfahren wir vom Chauffeur. Und jetzt bemerken wir auch, daß die meisten Fahrgäste schon ihre Lasten in kleine Boote verladen.

„Nehmen Sie lieber eine Motorpiroge. Das geht schneller", sagt ein Mann zu uns, der gar nicht wie ein Madagasse aussieht und einen ungepflegten Stoppelbart hat. Auf sein Geheiß werden etliche Kisten mit Limonaden- und Bierflaschen, die mit uns von Morondava hergekommen sind, auf das rostige Motorboot geladen. Wir nehmen das gleiche Transportmittel und erfahren auf dem langen Wasserweg von dem unrasierten Mann, daß er Grieche ist und das einzige Hotel in Belo-sur-Tsiribihina besitzt.

Als wir unter großen Bäumen am ockerfarbenen, schlammigen Ufer anlegen, ist mir, als würde ich in ein zeitloses Bild eintreten: strohgedeckte Hütten, spielende Kinder, eine Gruppe Fischer, die schwatzend zusammenstehen, und ein Junge, der eine Kuh vor sich hertreibt. Die ankommenden Fremden werden neugierig, aber nicht aufdringlich betrachtet.

Da wir eine Unterkunft benötigen, schließen wir uns dem Hotelbesitzer an, bis wir auf die Hauptstraße stoßen, wo sich das Hotel befindet. Die Frau des Griechen ist eine freundliche Madagassin. Ihr fehlen einige Vorderzähne, und mit einem extrem langen Fingernagel kratzt sie unentwegt ihren wuscheligen Kopf.

Am nächsten Morgen möchten wir eine ausgedehnte Bootsfahrt in das Flußdelta unternehmen, doch die wenigen Besitzer von Motorpirogen klagen, daß kein Benzin zu bekommen sei.

So beschließen wir, die Königsgräber der Sakalava zu besichtigen, wobei mich vor allem der Weg dorthin reizt. Der Grieche macht uns darauf aufmerksam, daß wir zuerst die königliche Familie aufsuchen müssen, um die Erlaubnis dazu zu erhalten. Wir gehen zur Ortsmitte und fragen nach deren Haus.

„La-bàs", erklärt uns eine Frau und deutet auf die andere Straßenseite mit drei Häusern. Wir gehen auf das größte zu, das auch am besten erhalten ist, um zu erfahren, daß wir falsch sind. Wir werden auf das bescheidenste und kleinste der Häuser verwiesen, dessen Dach eine neue Abdeckung nötig hätte. Eine einfach gekleidete Frau kommt heraus.

„Sind wir hier richtig, bei der Königsfamilie?" fragen wir.

Die Frau sieht uns einen Augenblick prüfend an, bevor sie bejaht und uns sagt, daß wir warten sollen.

Wir setzen uns unter einen Mangobaum. Nach einer guten Weile kommt ein adrett gekleideter junger Mann mit einer schmalen Aktenmappe unter dem Arm auf uns zu. Er hat das Gebaren eines Staubsaugervertreters und stellt sich als königlicher Touristenführer vor. Sein Name ist Charles.

„Haben Sie ein Auto?" fragt er. Und als wir verneinend den Kopf schütteln, meint er: „Dann wird es schwierig werden."

„Hat nicht die königliche Familie ...?"

„Nein, wo denken Sie hin. Hier hat fast niemand ein Auto."

Ja, das ist uns bereits aufgefallen. Wir sind hier an einem sehr ruhigen, versponnenen Ort, wo noch der gleichmütige Puls Madagaskars schlägt.

„Man ist einverstanden mit Ihrem Besuch. – Ich will versuchen, einen Wagen zu finden", bietet sich der smarte Junge an und entfernt sich mit weitausholenden Schritten. Wir warten. Trotz des Schattens, den der Mangobaum beschert, ist es brütend heiß.

Endlich kommt Charles zurückgeschlendert. War er erfolglos?

„Ich habe einen Freund, der hat einen Landrover und auch etwas Benzin. Der Wagen muß aber erst repariert werden."

„So – und dauert es lange?"

„Das weiß ich nicht, aber ich hoffe nicht, denn am Mittwoch ist der Besuch der Königsgräber *fady*."

„Aber heute ist doch Dienstag“, erinnern wir Charles.

„Nach unserer Zeitrechnung beginnt der Mittwoch heute nachmittag um zwei Uhr.“

Ach ja, stimmt, der herkömmliche madagassische Kalender richtet sich nach einem anderen Rhythmus. Das Jahr hat zwar auch zwölf Monate, aber jeder Monat entspricht genau einem Mondzyklus. Demnach haben wir noch mehr als vier Stunden Zeit. Wir haben Glück. Nach einer Stunde taucht die fauchende und hustende Stahlkarosse auf, ein wahrer Panzer. Charles ordnet uns nun an, zwei Liter Rum zu kaufen. Wir wissen schon, zum Besänftigen der Ahnen. Aber gleich zwei Liter? – Nun, es sind königliche Ahnen.

Außer uns steigt noch die Frau, die uns im „Palast“ empfangen hat, zu. Wir erfahren, daß sie die Enkeltochter des letzten Königs ist. Ihr Mitkommen finden wir daher durchaus in Ordnung. Aber es steigen immer mehr Menschen ein, noch eine junge Frau und ein gutes Dutzend junger Männer, die bereits übereinander sitzen. Charles erklärt, daß die junge Frau und zwei der Jungen ebenfalls zur Königsfamilie gehören.

„Und die anderen?“

„Die kommen auch mit“, antwortet Charles kurz angebunden.

Bald wissen wir auch, warum. Das Gelände ist morastig, und alle Augenblicke bleiben wir stecken. Da braucht es ein paar kräftige Hände zum Anschieben.

Eine halbe Stunde, bevor der madagassische Mittwoch beginnt, erreichen wir die Grabstätte. Auf einer offenen Lichtung stehen dicht nebeneinander kleine Holz- oder Steinhütten, die letzten Ruhestätten einstiger Sakalava-Herrscher. Die Enkeltochter des letzten Königs tritt mit einer Rumflasche an ein schiefgewachsenes, dünnes Bäumchen und beginnt mit ihren Verwandten zu sprechen. So wie bei unserem Grabbesuch bei Morondava wird auch hier der Baumstamm mit Alkohol bespritzt, wobei die Frau jedoch darauf achtet, nicht zuviel zu vergießen.

Vielleicht sind wir zu spät dran, um feierliche Gefühle aufkommen lassen zu können, aber weder der Platz noch die Zeremonie rühren mich.

Nun tritt die Frau auf uns zu und deutet uns Besuchern an, die Hände zu Schalen zu formen. Sie tröpfelt einige Tropfen Rum hinein, die wir uns über Haar und Haupt verteilen sollen. Dem Geruch nach komme ich mir nun vor wie eine wandelnde Schnapsflasche. Die Frau setzt sich mit ihren Verwandten unter den Zeremonienbaum, holt einen Becher aus ihrer Tasche, und das familiäre Trinkgelage beginnt ganz ungeniert.

Indessen zeigt uns Charles die verschiedenen Gräber. Neben den königlichen Ahnenhäuschen liegen einige Steinplatten am Boden. Hier sind die Frauen der Könige begraben. Dann werden wir auf mehrere Sträucher aufmerksam gemacht, die durch einzelne, wie achtlos hingeworfene Steinbrocken gekennzeichnet sind.

„Hier liegen die Sklaven der Könige. Die Königsfamilie hatte bis vor wenigen Jahren noch Sklaven", sagt er mit stolzem Unterton.

„Bis vor wenigen Jahren?"

„Ja, sie waren wichtig, um die Rituale durchzuführen. Dann aber verließen die Sklaven die Königsfamilie. Sie behaupteten, sie wären nicht gut behandelt worden."

Pünktlich um zwei Uhr verlassen wir den Friedhof, und auf dem Rückweg gibt es wieder einige unfreiwillige Aufenthalte im sumpfigen Gelände. Einmal sieht die Lage des Landrovers recht böse aus, die Räder hängen schräg und schwer im tiefen Schlamm. Nach einigen erfolglosen Versuchen helfen auch Michèle, Pierre und ich mit, schließlich wollen wir nicht in dieser ungesunden Feuchtigkeit übernachten. Ich setze meine ganze Kraft ein, rutsche aus und falle der Länge nach in den Dreck.

Als ich mich aufrappele und den spöttischen Blick von Charles erhasche, der sich bisher nicht die geringste Mühe machte, auch nur einen Finger zu rühren, spreche ich ihn direkt an: „Junger Mann, Sie können ruhig auch ein wenig mithelfen." Er jedoch setzt nur eine arrogante Miene auf und dreht sich einfach um. Nun, wir schaffen es auch ohne ihn.

Dann kommt das nächste größere Hindernis. Schon bei der Herfahrt bekam ich ordentlich Herzklopfen, als wir das ausgetrocknete Flußbett überquerten. Die „Brücke", die darüber führt, besteht aus drei weit auseinanderliegenden Längsbalken, über die lose Holzbretter in unterschiedlichen Abständen gelegt wurden. Beim Fahren verschieben sich die Holzbretter, und es ist reine Glückssache, ob man heil an die andere Seite gelangt. Bei der Herfahrt hatten wir Glück, das uns allerdings jetzt verläßt: Wir sacken mit einem Hinterrad zwischen zwei Längsbalken ein. Vorsichtig klettern wir hinaus und balancieren wie Seilkünstler ans andere Ufer. Eines ist sicher, um den Wagen von der Brücke zu bringen, braucht es die Kraft von zwei Ochsenwagen.

Die restliche Strecke gehen wir zu Fuß. Charles hat seine Aktenmappe unter den Arm geklemmt und heftet sich an unsere Fersen. Als wir müde und verschmutzt Belo-sur-Tsiribihina erreichen und in unser Hotel wollen, ordnet der königstreue Einheimische an: „Sie müssen zuerst noch die Prinzessin begrüßen."

„Die Prinzessin?"

„Ja, das Oberhaupt der Sakalava. Nachdem der König gestorben war, gab es keinen männlichen Nachfolger. Deshalb wurde eine Repräsentantin gewählt. Sie ist für uns Symbol der königlichen Würde", erklärt uns Charles in schwärmerischem Ton.

„Aber sehen Sie doch, wie wir aussehen, so können wir doch nicht ..."

„Das macht gar nichts. Die Prinzessin wird sie trotzdem empfangen. Sie wartet auf Sie."

„Was meint ihr?" frage ich Michèle und Pierre, die ebenso erschöpft dastehen wie ich.

„Ich glaube, wir sollten ihren Brauch respektieren", ist Michèles Ansicht.

Die königliche Familie hat sich bereits vor dem „Palast" versammelt und empfängt uns. In vorderster Reihe sitzen auf Strohmatten drei ältere Frauen mit auffallend würdevollen Gesichtszügen. Charles bleibt vor der mittleren Frau stehen und deutet eine ehrfurchtsvolle Verbeugung an. Dann sprudeln die Worte nur so über seine Lippen. Wahrscheinlich erklärt er unsere Verspätung.

„Das ist die Prinzessin", raunt er uns dann zu. „Sie müssen sie begrüßen."

Wir tun, wie geheißen. Die Dame, die einen kunstvollen Haarknoten trägt, lächelt uns hoheitsvoll zu und übersieht höflich unser wenig repräsentatives Aussehen. Mit eher kühlen, gleichgültigen Gesten werden wir gefragt, woher wir kommen und ob wir mit dem Besuch bei den Königsgräbern zufrieden waren.

Wir drei sehen uns an. Was sollen wir nach der mißglückten Rückkehr nur darauf erwidern? So quälen wir ein Lächeln hervor und treten von einem Fuß auf den anderen.

Bevor das gegenseitige Schweigen jedoch peinlich wird, schiebt uns Charles zur Seite und flüstert völlig überraschend: „Ich bekomme noch das Geld für die Tour."

„Jetzt, hier?" fragen wir erstaunt, daß ihm das Geschäftliche gerade im Beisein der königlichen Hoheiten einfällt.

Wir geben ihm also den ausgemachten Betrag. Charles zählt nach und sieht uns vorwurfsvoll an.

„Sie wollten mir doch sicher noch ein Trinkgeld dafür geben, daß ich mir die Mühe gemacht habe, Sie rumzuführen", sagte er.

„Wir dachten, im Preis wäre alles inbegriffen", erwidern wir müde. Aber wir wollen nicht feilschen und uns auch nicht beschweren, daß wir die letzten sechs Kilometer ohne den fahrbaren Untersatz zurückgekehrt sind, und legen noch etwas Geld dazu. Charles steckt das Geld in die Hosentasche und hüstelt.

„Dann wäre da noch etwas. – Sie müssen der Prinzessin ein Präsent überreichen."

„Wofür?" fragen wir gleichzeitig. Wir empfinden, der Krug ist randvoll.

„Nun, für die Genehmigung des Grabbesuches."

„Warum haben Sie uns nicht vorher darauf aufmerksam gemacht?"

Charles zuckt erhaben die Schultern. Er hat es wohl nicht nötig, sich zu rechtfertigen. Wir fühlen uns überrumpelt.

„Also gut, wieviel?" frage ich, damit wir den Besuch zu einem anstandsvollen Ende bringen.

„Es dürfen nur Scheine sein, deren Summe sich durch zwei teilen läßt. Also 2000, 4000, 10000 . . ."

Wir werfen einen kurzen Blick auf die Hoheit. Ihr Lächeln ist jetzt erwartungsvoll gespannt, und ihre Augen gleichen denen eines Fuchses, der auf fette Beute lauert. Wir entscheiden uns für die kleinste Zahl, die dieser Regel entspricht. Als ich der Prinzessin die zwei Tausendernoten in die Hand drücke, sieht sie pikiert darauf. Ihr Lächeln verwandelt sich augenblicklich, und sie sieht aus, als hätte sie an einer Zitrone gelutscht.

Stumm ziehen wir uns zurück.

Wir sitzen noch keine fünf Minuten an der verstaubten Hoteltheke und erfrischen uns an lauwarmem Coca-Cola, als Charles wieder auftaucht.

„Was gibt es?“ fragen wir voller Ahnung, daß mit ihm keine erfreuliche Nachricht kommt.

„Die Prinzessin schickt mich“, sagt er frei heraus. „Sie ist mit der Summe, die Sie ihr gegeben haben, nicht zufrieden. Sie hatte nicht gedacht, daß Sie ihr so wenig Geld anbieten würden.“

Die schnippische Art Charles' ärgert uns, ich versuche aber einzulenken.

Wieviel stellt sich denn die Prinzessin vor?“ frage ich.

„Nun, sie denkt an eine Summe von mindestens 20000 MGF.“

Sollen wir nun lachen oder ihn hinauswerfen? Mit einer solchen Summe müssen viele madagassische Familien einen Monat oder länger auskommen.

„Sie können Ihrer Hoheit sagen, wir sind keine Rockefellers“, äußert sich Pierre ärgerlich, worauf Charles den Franzosen beleidigt anschaut. Der Abgesandte des Königshauses versucht nun mit fordernder Miene Geld aus uns herauszupressen. Wir bleiben hart, aber wir empfehlen uns mit besten Grüßen der Prinzessin.

„Wovon lebt eigentlich die königliche Familie?“ fragen wir den Griechen, der Zeuge unserer Unterhaltung geworden ist.

„Nun ja, sie beziehen eine kleine Rente von der Regierung. Solange sie die Sklaven hatten, die für sie gearbeitet haben, sind sie wohlhabend gewesen.“

„Und nun verarmen sie, weil sich niemand mehr für sie abplagt, und selbst zu arbeiten sind sie wohl nicht gewohnt. Da kommen ihnen Touristen gerade recht, um sie wie Kühe zu melken“, resümiert Pierre.

Plötzlich beginnt es fürchterlich zu donnern. Ein Gewitter zieht auf.

„Vielleicht sollten Sie den Ort verlassen, bevor der Zorn der königlichen Ahnen Sie trifft", meint der Grieche sarkastisch.

Ich glaube, er hält nicht viel von Monarchen.

Gut beschützt

Da Pierre gesundheitlich noch immer nicht ganz hergestellt ist, sind er und Michèle bereits am frühen Morgen nach Morondava gereist. Ich dagegen habe die Absicht, auf das nächste Transportboot nach Miandrivazo zu warten. Doch am späten Nachmittag erfahre ich von einem Bootsmann, daß das vielleicht noch eine gute Woche dauern kann. Das ist eine zu lange Zeit, um sie als „in Ungnade Gefallene" an diesem Ort zu verbringen. Außerdem kann ich nicht mehr so lange warten, da meine Reise dem Ende entgegengeht. So entschließe ich mich, ebenfalls nach Morondava zurückzukehren.

Am nächsten Tag besteige ich ein Buschtaxi in Richtung Antsirabe. Die Ladefläche des Lieferwagens ist vollbepackt mit Menschen und mit Gepäck aller Art, mit Hühnern, Enten und einem Zicklein.

Die Madagassen nehmen dies alles wortlos hin, doch das Federvieh beschwert sich quakend und gackernd, und die Ziege meckert mißgelaunt. Die übelste Mitfahrposition haben die Gänse, die an Schnüren mit den Köpfen nach unten an der Außenwand baumeln. Ganz benommen und erbärmlich schauen sie drein, während der Fahrtwind ihr weißes Gefieder wild zerrupft.

Meine größte Sorge gilt jedoch den abgefahrenen, spiegelglatten Reifen, die über den zerrissenen Asphalt oder die staubige Naturpiste zwischen der weiten, menschenleeren Hügellandschaft dahinflitzen. Mitten im einsamen Buschland passiert es dann: ein lauter Knall, der mich – obwohl erwartet – erschrocken zusammenfahren läßt. Die erste Reifenpanne. Der Mechaniker flickt geschickt den Schlauch und näht dann mit Nadel und Zwirn den zerfetzten Reifen zusammen. Der junge chinesische Chauffeur, sportlich in Tennishose, Tennisschuhen, weißen Socken und roter

Mit einem überquellenden Buschtaxi nach Miandrivazo

Schirmmütze gekleidet, grinst über meinen bedenklichen Blick und meine argwöhnisch gerunzelte Stirn.

„Das ist doch gar kein Problem. Das machen wir immer so."

Wegen weiterer Pannen kommen wir erst am Abend in Miandrivazo an. Durstig und völlig verstaubt werde ich vor dem einzigen Hotel im Ort abgesetzt. Das alte Gebäude sieht ziemlich heruntergekommen aus und verbreitet eine düstere Atmosphäre, die mich deprimiert. Aufseufzend stelle ich meinen Rucksack in die graue, kahle Eingangshalle. Ein schmächtiger Junge, der Hotelbursche, kommt auf mich zu. Ich frage ihn, ob ein Zimmer frei sei.

„Der Hotelbesitzer ist im Augenblick nicht da."

„Ich brauche nur einen Schlüssel", meine ich abgespannt.

„Ich habe keine Schlüssel, die bewahrt nur der Hotelbesitzer auf."

„Wird er lange fort sein?"
„Ich glaube nicht, Madame."
„Na schön. Haben Sie etwas zu trinken?"
„Nein, Madame. Wir haben keine Getränke." Lustlos setze ich mich auf einen wackeligen Stuhl und warte.

Auf einmal spüre ich einen intensiven Blick in meinem Rücken und drehe mich um. Vor mir steht ein älterer Mann mit sonnengegerbtem Gesicht, sein Oberkörper ist nackt, und um seine Hüften hat er einen kurzen Wickelrock geschlungen. Verwundert sehe ich auf den langen Speer, den der Mann in seiner Rechten hält. Regungslos und dunkel, wie ein geschnitzter Hirte aus Ebenholz, steht er vor mir. „Das ist er", flüstert mir der Hoteljunge zu.

Der Hotelbesitzer also – eine wahrhaft erstaunliche Erscheinung. Der Mann beginnt an einem Stoffzipfel herumzufingern und bindet den Schlüsselbund los. Warum wohl trägt er die Schlüssel mit sich herum? Hat er kein Vertrauen zu dem Jungen?

Er deutet mir an, ihm zu folgen, und über steile, hohe Stufen geht es hinauf ins obere Stockwerk. Das Zimmer ist der reinste Alptraum, es ist dunkel und riecht modrig. Beim Anblick des Waschbeckens erstarre ich wie der Schmutz, der daran klebt. Aber immerhin, das Wasser läuft. Wie angewurzelt beobachtet die Hirtenerscheinung meine Inspizierung. Auch wenn der Mann kein Französisch spricht, so ahne ich doch, was er will – das Geld für die Übernachtung. Er hat wohl auch kein Vertrauen zu seinen Kunden. Ich händige ihm den Betrag aus. Er löst sich aus seiner Starre und zählt das Geld nach. Als ich das Badezimmer sehe, das eher einem Gruselkabinett gleicht, verzichte ich auf eine Dusche.

Mein Durst wird unerträglich, und ich gehe in den Ort, dessen Gassen in gespenstische Dunkelheit getaucht sind. Nur aus einer offenen Tür fällt ein Lichtschein. Als ich näher trete, schlägt mir atemberaubender Alkoholdunst entgegen. Die kleine Bar ist rauchgeschwängert und zum Brechen voll mit Bier und Schnaps trinkenden, lauten Männern. Was soll's. Meine Zunge ist pelzig, und ich habe eine Flasche Cola im Regal entdeckt. Zielstrebig steuere ich auf die Theke zu und verlange das alkoholfreie Getränk. Ein Mann tritt neben mich, und vor der mir entgegenfliegenden Schnapsfahne weiche ich erschrocken zurück. Der Betrunkene rückt näher.

„Möchten Sie nicht ein Bier mit mir trinken?“ lallt er.

Ich presse meinen kleinen Rucksack zwischen uns und gebe ihm zu verstehen, daß er Abstand halten soll. Im Raum ist jedes Gespräch verstummt, es ist totenstill geworden. Schweigend werden ich und der aufdringliche Mann von allen Augen beobachtet. Der Barkeeper macht den Betrunkenen mit leiser, auffordernder Stimme aufmerksam, daß er mich in Ruhe lassen soll. Doch dieser lehnt sich voll und schwer auf meinen Rucksack. Als ich den lästigen Kerl angewidert wegzudrücken versuche, wird er von einem hünenhaften, sehr dunklen Mann am Arm gefaßt und an seinen Platz zurückgebracht. Ich atme erleichtert auf, befürchte aber eine Schlägerei. Doch niemand gerät in Panik. Der abgeführte Mann grinst verlegen in sein Trinkglas. Als ich mich bei meinem Retter bedanke, wehrt dieser nur bescheiden ab.

Zwar könnte ich mich im Süden von Madagaskar mit Sack und Pack krumm schleppen und kein Mann würde mir tragen helfen, aber andererseits habe ich hier das Gefühl, stets von ritterlichen Beschützern umgeben zu sein.

Zurück im Hotelzimmer ist es schwül und stickig. In Schweiß gebadet, wälze ich mich von einer Seite auf die andere und falle dann doch endlich in unruhigen Schlaf. Abrupt wache ich auf, als ich lautes, unheimliches Knarren vor der Tür höre. Gespannt halte ich den Atem an. Schritte auf der morschen Holzterrasse. Neugierig und ängstlich zugleich stehe ich auf und spähe durch die Holzjalousie.

Ich kann es einfach nicht glauben! Der Mann, der so gar kein Vertrauen zu seinen Mitmenschen zeigt, steht an das Terrassengitter gelehnt. Den Speer fest in der Hand, hält er Wache vor meinem Zimmer. Was kann mir da schon geschehen!

Während ich beruhigt ins Bett zurückkehre, denke ich an meine Familie, die sich immer Sorgen um mich macht, wenn ich allein in fremden Ländern unterwegs bin. Doch kann man besser behütet sein als ich in diesem Augenblick?

Infos

Geographie

Madagaskar ist etwa zweieinhalbmal so groß wie die Bundesrepublik und liegt vor der ostafrikanischen Küste zwischen dem 12. und 26. südlichen Breitengrad. Während die Küste und die Berghänge im Osten noch teilweise mit Regenwald bedeckt sind und viel Niederschlag erhalten, ist die Westküste von langen Trockenperioden heimgesucht und der Süden weist große, karge Steppengebiete auf. Durch das zentrale, fruchtbare Hochland mit einer durchschnittlichen Höhe von 800 Metern verlaufen in Nord-Süd-Richtung Bergrücken bis zu einer Höhe von 3000 Meter.

Fauna und Flora

Vor vielen hundert Millionen Jahren hat sich Madagaskar vom sogenannten Gondwanaland abgetrennt, und eigene Lebensformen sind entstanden. Madagaskar ist wegen der vielen Pflanzen- und Tierarten, die nur hier vorkommen, ein Paradies für Biologen. Zu den bekanntesten Pflanzen zählen die Ravinala-Palme, die Becherpflanze (insektenfressende Pflanze) und der Riesenbaobab. In den Trockengebieten wachsen Dornenbäume und Kakteen. Madagaskar ist auch reich an Gewürzen wie Pfeffer, Vanille und Gewürznelken. Für den Export werden Kaffee, Tee und Kakao gepflanzt. Aus den duftenden Blüten des Ylang-Ylang-Baumes wird Parfüm hergestellt.

Die bekanntesten Tiere in Madagaskar sind die Lemuren, wie der muntere Katta mit seinem schwarzweiß geringelten Schwanz oder der elegant anmutende Sifaka, der ein helles Fell und eine dunkle Gesichtsmaske hat. Besonders eindrucksvoll sind die Schreie des großen Indri-Indri (70 cm). Dieser galt als der größte Lemur, bis man den noch größeren Goldlemur bei Ranomafana fand.

Aus der Tierwelt Madagaskars sind weiter die zahlreichen Chamäleons, Schmetterlinge, Vögel, fliegende Hunde, Schlangen, Spinnen und Schildkröten zu nennen. Zahlreich waren früher auch die

Krokodile, die jedoch durch die Jagd stark dezimiert wurden. Angeblich gibt es in Madagaskar keine giftigen Schlangen, doch habe ich während meines Aufenthalts von Kobras im Norden Madagaskars gehört.

Bevölkerung

Unter den Madagassen gibt es viele Bevölkerungsgruppen, die ihre Wurzeln in Südostasien oder Afrika und alle ihre eigenen Sitten und Bräuche haben. Die stärksten Bevölkerungsgruppen sind die Merina (leben in und um Tana), die Betsimisaraka (Ostküste) und die Betsileo (zentrales Hochland). Die Urbewohner Madagaskars waren die kleinwüchsigen Vazimba, „die schon immer da waren". Angeblich sollen noch Vazimba-Gruppen in abgeschiedenen Regionen leben. Die gesamte Bevölkerungszahl wird auf zehn Millionen geschätzt, von denen etwa ein Zehntel in der Hauptstadt lebt.

Reisezeit

Von April bis Oktober ist die angenehmste Reisezeit. Dann ist das Klima kühl und trocken. Allerdings kann es um diese Zeit nachts auf dem Hochplateau auch empfindlich kalt werden.

Von November bis April ist das Klima heiß und regenreich, wobei der Osten am niederschlagsreichsten ist. Die Ostküste ist von Dezember bis Februar auch stark zyklongefährdet. Nach heftigen Regenfällen kann sich das Vorwärtskommen auf nicht befestigten Straßen erheblich verzögern.

Sprachen

Malagasy (malgasch) ist die Landessprache Madagaskars. Seit der französischen Kolonialzeit ist auch Französisch Amtssprache. Wird von allen westlich Geschulten sowie von vielen Bürgermeistern, Taxi- und Busfahrern gesprochen.

Unterkünfte

Es gibt kleine madagassische Hotels, die sehr billig sind. Flöhe muß man mitunter in Kauf nehmen.

Die besseren einfachen Hotels werden meist von Chinesen oder Indern geführt. Oft ist kein fließendes Wasser vorhanden; Gemeinschaftsbad.

Mittelklassehotels werden von Europäern als auch von Chinesen geführt. Sauber, oft Familienbetrieb.

Komforthotels mit europäischem Standard gibt es in den größeren Städten sowie auf den Inseln Nosy Bé und Ste. Marie.

Zelt und Campingausrüstung sind von Vorteil, wenn man in unbesiedelten Gebieten unterwegs ist, sonst gibt es immer Unterkunftsmöglichkeiten. In den Dörfern sollte man nach dem Bürgermeister *(Président du Fokontany)* fragen, der weiterhelfen kann. Ein Schlafsack ist ratsam, wenn man im Freien oder in billigen Unterkünften übernachtet, wo kein Bettzeug vorhanden ist.

Wer ein Dach über dem Kopf geboten bekommt, sollte die Gastfreundschaft nicht ausnützen, sondern für seine eigenen Unkosten aufkommen. Über ein angemessenes Geschenk freut sich jeder Gastgeber.

Allgemeine Vorsichtsmaßnahmen

Mit etwas Selbstdisziplin (Selbstschutz) kann man sich weitgehend vor Infektionen schützen. Dazu gehören regelmäßiges Händewaschen, vor allem vor dem Essen, täglich gründliche Körperpflege (auch wenn man noch so müde ist!) und gewisse Vorsichtsmaßnahmen bei Nahrungsaufnahme und Trinken. Ein guter Schutz ist auch, keine übertriebenen Ängste vor Tropenkrankheiten mitzubringen.

Essen: Frisch gekochte oder gebratene Speisen können bedenkenlos gegessen werden. Aufpassen muß man mit weißem Fleisch (Geflügel, Fisch, Meerestiere), das nicht mehr frisch ist, und mit rohen Milchprodukten (Tuberkulose!). Verzichten sollte man unbedingt auf rohes Gemüse, Salate, Früchte, die nicht geschält werden können (Weintrauben, Beeren etc.), sowie auf Sahne, Mayonnaise, Butter- und Eiscremes. Unterstützen können Sie Ihr Abwehrsystem mit vielen Vitaminen (Orangen, Zitronen, Bananen, Papayas, Mangos, Melonen etc.).

Trinken: Kein Leitungswasser trinken! Trinkwasser entweder abkochen oder mit „Mikropur" desinfizieren. Mineralwasser gibt es in allen größeren Orten. Der madagassische Tee ist meist sehr dünn, aber keimfrei, der Kaffee extrem stark. Wegen der starken Sonneneinwirkung schwitzt man mehr als zu Hause, deshalb dem Körper viel Flüssigkeit zuführen (2 bis 4 Liter täglich). Trinken Sie keine eiskalten Getränke, und auf Eiswürfel sollten Sie ganz verzichten (für Bakterien ist das Einfrieren die beste Konservierungsart). Heiße Getränke sind die besseren Durstlöscher. Das Nationalgetränk ist heißes Reiswasser, das zu jeder Mahlzeit serviert wird.